Friedrich Leist

Quellen-Beiträge zur Geschichte des Bauern-Aufruhrs in Salzburg 1525 und 1526

Friedrich Leist

Quellen-Beiträge zur Geschichte des Bauern-Aufruhrs in Salzburg 1525 und 1526

ISBN/EAN: 9783955640385

Auflage: 1

Erscheinungsjahr: 2013

Erscheinungsort: Bremen, Deutschland

@ EHV-History in Access Verlag GmbH, Fahrenheitstr. 1, 28359 Bremen. Alle Rechte beim Verlag und bei den jeweiligen Lizenzgebern.

Quellen-Beiträge

zur

Geschichte des Bauern-Aufruhrs

in

SALZBURG

1525 und 1526.

Von

Dʀ. FRIEDRICH LEIST.

Aus den Mittheilungen der Gesellschaft für Salzburger Landeskunde
XXVII.

SALZBURG.
Verlag von Herm. Kerber
1888.

Quellen-Beiträge

zur

Geschichte des Bauern-Aufruhrs

in

Salzburg

1525 und 1526

von

Dr. Friedrich Leist.

Vorwort.

Auf dem Gebiete der Geschichtsforschung über den Bauernkrieg von 1525 ist in den jüngsten Jahren besonders in Bezug auf Quellenpublikationen ein rüstiger Eifer entwickelt worden, der denn auch thatsächlich vom ausgiebigsten Erfolg begleitet war. Die Publikationen der „Quellen zur Geschichte des Bauernkriegs in Oberschwaben" und der „Quellen zur Geschichte des Bauernkriegs in Rotenburg a. d. T." von Dr. F. L. Baumann in der Bibliothek des literar. Vereines in Stuttgart (1876 Bd. 129 und 1878 Bd. 139), sowie „die Geschichte des Bauernkriegs in Ostfranken von Magister Lorenz Fries", herausgegeben von Dr. A. Schäffler und Dr. Th. Henner, geben Zeugniss für den gegenwärtigen Stand der historischen Forschungen nach dieser Richtung.

Demungeachtet ist für eine allseitig klare Darstellung des Bauernkriegs noch lange nicht alles Quellenmaterial zu Tage gebracht; noch manches bleibt zu thun übrig, um diese eigenthümliche Erscheinung des 16. Jahrhunderts allseitig und erschöpfend zur Anschauung zu bringen.

So ist auch, was uns hier zunächst und am meisten berührt, die Periode des Bauern-Aufruhrs in Salzburg an gedrucktem Quellenmaterial auffallend arm und nur vereinzelt und zerstreut in einigen Schriften über Salzburger Geschichte, so namentlich in der bekannten „Chronik von Salzburg" von J. Th. Zauner (Th. IV und V.) sind urkundliche Aufzeichnungen über den Bauernaufruhr aufgenommen.

Doch war es naturgemäss auch der Absicht des Zauner'schen Werkes entsprechend, das Quellenmaterial nur in geringem Masse zum wörtlichen Abdruck zu bringen. Die bei weitem grössere Menge desselben ist vielmehr noch ungedruckt und liegt uns ein Theil hievon vereinigt vor in einer Kodex-Abschrift, die zu den Beständen des kgl. Geheim. Staatsarchivs in München gehört.

Dieselbe führt die Ueberschrift:

„Brieffereyen und Beyträge zur Geschichte des Aufruhrs im sechszehnten Jahrhundert oder Sammlung von Sendschreiben, Vollmachten, Verträgen, Befehlen und andern

Aktenstücken den Salzburgischen Bauern-Aufruhr betreffend 1525 und 1526."

Vom kgl. Geh. Haus- und Staatsarchivar, Herrn Geh. Hofrath Dr. L. v. Rockinger wird diese Dokumentensammlung in seiner Darstellung: „Über ältere Arbeiten zur bayerischen und pfälzischen Geschichte im Geh. Haus- und Staatsarchive", (Abhdlg. der kgl. b. Akad. d. W. III. Cl. XIV. Bd. III. Abthg.) bezeichnet als eine Abschrift aus dem vorigen Jahrhundert, die ganz eng von einer Hand hergestellt ist und aus 4 Lagen mit je 7 Bogen oder 94 beschriebenen Seiten in Folio besteht, wozu noch eine 5. Lage mit gleichfalls 7 Bogen kommt, die ein nach einzelnen Schlagsätzen zusammengesetztes Inhaltsverzeichniss enthält. Der Text, der mit dem zweiten Blatte beginnt, ist so geschrieben, dass beiderseits neben den Aktenstücken schmale Ränder gelassen sind; der innere Rand führt die Zahl der einzelnen Schriftstücke von 1—109 incl. mit kurzer Inhaltsangabe, der äussere dagegen eine fortlaufende Reihe von Zahlen nach einem kleinen Buchstaben, der ein kleines o zu sein scheint, so dass darin vielleicht die Seiten des dem Kopisten seiner Zeit vorgelegenen Originals zu finden sein dürften. Dieses o erscheint übrigens auch häufig innerhalb des Textes selbst. Die erwähnten Zahlen gehen von 1—349 incl. Die einzelnen Stücke sind fast ihrem ganzen Wortlaute nach aufgenommen; nur die Datierung ist oft ganz weggelassen oder nur das Jahr allein angegeben. Doch lässt sich in den meisten Fällen dem Inhalte nach wenigstens das Jahr, ob 1525 oder 1526, mit Sicherheit feststellen.

Eine genaue Vergleichung des Inhalts dieser Handschrift mit Zauners Werk ergibt, dass gerade dieses Quellenmaterial es war, das Zauner als Grundlage, ja, ich möchte annehmen, als die einzige und ausschliessliche Grundlage für seine Beschreibung des Bauern-Aufruhrs benützte, und findet sich denn auch von seiner eigenen Hand hierüber auf dem Titelblatte folgende Notiz:

„Me hocce codice Mcto. in conscribenda historia Salisburgensi insigni cum fructu usum esse, grata mente profiteor. Salisburgi die XIV. Dec. 1802.
Judas Thaddeus Zauner.

Dieses Zeugniss Zauners gibt unserer Handschrift gewiss eine sehr glückliche Folie, um so mehr als es die Annahme zu bestärken scheint, dass ausser ihr etwaige Originale vielleicht überhaupt nicht mehr zu finden sind: es würde doch sonst ein Forscher, wie Zauner, in erster Linie sicherlich nach diesen gegriffen haben.

Aus dieser Darlegung nun möchte ich rechtfertigen, wenn ich es versuche, die ganze hier in Rede stehende Handschrift als weiteren Quellenbeitrag zur Geschichte des deutschen Bauernkriegs zu publizieren, und wenn ich hiebei auch die von Zauner bereits mitgetheilten Schriftstücke nicht übergehe, so liegt der Grund hiefür einmal darin, dass ich die Zusammengehörigkeit und Vollständigkeit unserer Handschrift nicht zerreissen will, ferner darin, dass jene, wie bereits erwähnt, gegenüber den bis jetzt noch ungedruckten Dokumenten sich weitaus in der Minderzahl befinden und endlich darin, dass einzelne von ihnen bei Zauner überdies nur auszugsweise wiedergegeben sind.

Bezüglich der Wiedergabe der vorliegenden Handschrift im Drucke bemerke ich Folgendes: Die einzelnen Schriftstücke sind in der Handschrift selbst nicht durchweg in chronologischer Folgeordnung zusammengestellt. Hier im Drucke sind dieselben, soweit es überhaupt nach vorhandener Datumangabe oder wenigstens dem Inhalte nach möglich gewesen, chronologisch geordnet. Die ursprüngliche Bezifferung der einzelnen Schriftstücke ist der neuen in Klammern beigefügt. Das dem Manuscripte anhängende, oben erwähnte Inhaltsverzeichniss konnte unbeschadet des Ganzen weggelassen und nur zu den einzelnen Ueberschriften verwendet werden. In palaeographischer Hinsicht endlich habe ich im wesentlichsten möglichste Treue gegenüber der Vorlage zu wahren gesucht und nur etliche unnöthige und dialektisch nicht belangreiche Konsonantenhäufungen, wie das oftmalige nn, und dergl. gestrichen.

Schliesslich spreche ich noch dem kgl. Geh. Haus- und Staats-Archivar, Herrn Geh. Hofrath Dr. L. v. Rockinger in München, dem Herrn Hofrath Ritter von Steinhauser in Salzburg und dem fürstl. Fürstenb. Archivvorstande, Herrn Dr. F. L. Baumann in Donaueschingen, für freundlichst ertheilte Aufschlüsse und Ratschläge meinen Dank aus.

München im März 1887.

Dr. Friedrich Leist.

1 (9).

Zu uermerkhen die beschwerungen gemainer landtschafft zu Gastein, mit denen sy lange zeit her von gaistlicher vnd weltlicher herrschafft vberladen.

1525.

Genueg vnd vberflüssig achten wir an tag khumen sein, wie lange zeit her die gaistlich obrigkheit hoher vnd nider ständt das heilig gottes wort vnd evangelium vertunckhlt vnd ergetrückht vnd dem gemainen armen mann schlechtlich oder gar wenig geoffnwart vnd entdeckht. Zu dem auch, wo schon zu zeiten solh heilig evangelium gepredigt vnd verkhündt, doch mit der gotlosen lesterlichn menschen gedüchten leren vnd meynungen verfelscht vnd veruolgt, das auch die heilig cristlich kirch mit den schedlichen bäbstlichen sazungen geschlagen vnd verwundt worden ist, dardurch vnzelliche grosse misspreüch in solher gemainen cristlichen kirchen erstanden vnd erwachsen, vnd das auch dieselben misspreüch dem gemeinen mann allenthalben ze verderbung vnd verfüerung der seelen, leibs vnd guets raichen vnd entspriessen, welch glaubig christlich knecht, so dise zeit wider ir gemuet vnd sach aufzurichten anfahet, so vndersteen sich die bäbst, bischöfe, cardinell vnd ander geistlich hoher vnd niderstend dasselb vnderzutruckhen vnd auszuläschen. Dieweil aber solh verfürrisch raich nit bestandt haben khan, sonder das hoch göttlich warhafftig wort al zeit vnüberwunden besteen, verharen vnd fürdringen wil, ob gleich noch die fürsten oder geistlichen mit iren verstockten gemueten es sräkenlich veruolgen vnd täglich dawider fechten. Yedoch ist die crafft desselben heiligen warhafftigen wort gottes so hoch, wie vil es veruolgung leidet, ye mer es grünet, erhöcht vnd beuestigt wirdet, vmb welchs willen, damit es vnüberwindtlich bestee, hat der sun des menschen leiden vnd sterben müessen. Damit aber angezaigtes wort gottes füran on vertunckhlung vnd on aller menschlichen zuesezungen clerlicher dem gemainen mann vnd vns allem zu nutz vnd hayl vnser seelen gepredigt vnd verkhündt werden möge, haben wir in disen vnsern beschwerungen für den:

ersten punkten vnd nöttigisten articl geacht, das wir mit gebürlichen gotz förchtigen pfarrherrn vnd seelsorgern, die das göttlich wort on aller menschen forcht vnd troung in mas, wie obsteet, predigen vnd wissen, wellen auch ernstlich, wo wir der massen ainen pfarrer oder seelsorger vnder vns erwellen oder fürnemen, das vns der von khainer weder geistlicher oder weltlicher obrigkait on grosse merkhliche oder redliche vrsach entsetzt, sonder von erst genugesam erfarn werde, wie sich derselb pfarrherr gebürlich wol oder vbel gehalten habe.

Zum andern haben bisher vnser pfarrer oder kirchherrn vber der kirchen güeter oder gründt die brief, was der gewesen sein, kaufbrief, schuldbrief, quittungen, verträg oder ander mit iren insigln verfertigt; wollen wir füran keineswegs mer zuegeben oder gestatten, sonder dieselben brief sollen durch ainen erwälten oder gesetztn richter, haubtman, anwaldt oder wer durch die gemain darzüe fürgenomen wirdet, besiglt vnd verfertigt, damit füran derselb richter oder wer des leichtlicher oñ des gemainen mannes schadn erhalten werde, doch das dasselb nit wieuor, sonder vmb ain zimblichen pfenig dem gemainen mann leidlich beschehe.

Dergleichen vnd in angezaigten wege wellen wir auch, das all ander grundtherrn, wer die seyen, geistlichs oder weltlichs standts, füran kainerley brief zuuerfertigen oder zu sigln macht haben sollen, sonder sollen sich allain irer gebürlicher gült betragen vnd der zu seiner zeit gewartn.

Zum dritten haben vns die gedachten grundtherrn gedrungen, inen alweg zu gewöndlicher stifft-zeit fünffzehen, achtzehen bis in zwainzig meil mit dem stifftgelt oder diensten nachzuraisen, dardurch der arm mann das seinig onpillich verzern vnd versaumen müessn. Ist füran vnser beger, das ain yeder grundtherr seinen amman in dem tal hab, demselben gewalt geb vnd beuelch, die stifft oder dienst zu rechter zins- oder stifft zeit einzunemen vnd einzubringen. Wo er aber khainen amman haben wolt, das er alsdann selbs darnach raise vnd vns als die armen solcher vnnuzer zerung vnd cost vberhebe vnd entlasse.

Zum viertten so werdten wir auch von denselben grundtherrn vber den dienst mit vngebürlichen ausgaben beladen, als mit anlait. Wo ainer von ainem lehen abgestorben, so haben alweg die erben, die dasselb guet besizen wollen, ain merckhliche suma gelts dem grundtherrn zu anlait geben müessn. Des wollen wir füran gar entladen sein vnd das kainswegs kainen grundtherrn, wer der sey, mer geben, dann sy das selbs aus irer aigennuzigkeit on allen grundt vnd redliche vrsachn erdicht vnd aufgebracht haben. Deshalb wir das nit zugeben schuldig sein.

Zu dem sy vns auch mit vngebürlichen trinckhpfening vber den dienst beschwärt haben, das ainer alwegs vier oder fünff kreizer trinckhgelt vnd auch schreibgelt gebn müessen, das ain alweg ganz vnpillich ist. So hat auch offt ainer nur drey kreuzer rechten dienst gedient, hat dennocht obgemelt gelt darzue geben müessen. Das wir füran nicht mehr geben wollen, sonder allein den rechten dienst vnd nit mer zu gewöndlicher zinszeit in es, wie uor begriffen, ausrichten vnd bezallen.

Zum fünfften, so sein wol etlich lehn oder güeter alhie, die mit dem dienst gros vberladen sein, vnd dieselben güeter den dienst nit ertragen mögen vnd der arm mann, der darauf ist, nur zu verderbung arbait. Demnach vnser beger, das ernstlich darein gesehn, damit ainer für den andern nit so gröslich beschwärdt werde.

Zum sechsten, als wir bisher manigerlay zehent geben habn müessen, die wir vnsers achtens ganz für vnnot vnd on grundt erkhennen, zuuoran das nicht damit ausgericht weder armen oder reichen, sonder denen, die in enpfahn vnd einnemen, damit geholffen wirdet. Als nämblich die reut zehendt, maj zehendt, der klain zehendt von vieh vnd anderm, der aller wir khainen mer geben wellen, sonder allain den rechten gebürlichen zehent wellen wir die dreissig garben vnd nit mer geben.

Zum sibendten ist vorher lang der gebrauch gewest, so ain bischof geweicht worden ist, hat man vber das gantz landt ain merckliche steuer angelegt vnd dasselb die weichsteuer genant oder gehaissen; dergleichs so ain edlman oder ritter ain son oder tochter ausgeheyrat, haben ime seine holden ain heuratsteuer geben müessen; dermassen auch wo ain ritter worden, ime auch ain rittersteuer geben. Achten wir ganz für ain grosse vnpilliche beschwerung, wollen wir füran ganz vnd gar entledigt vnd bemüessigt sein vnd nicht mer dafür geben.

Zum achten, verlangen vnd beschwären wir vns auf das höchst, das wir von disem fürsten mit vnerhörten beschwärungen neülicher zeit erstanden grosbeladen worden sein, nemblich mit dem vngelt, das dann vorher lange zeit nit in gebrauch gewesen ist. Aber aus vbermuet desselben yezigen fürsten, der mitsambt seinen anhengern vnd edlleüten alzeit dem gemainen mann zubeschwärn geflissener, dann denselben nuz zufüedern oder zu bedenckhen genaigter gewesen sein. Deshalben wir solh vngelt kaineswegs mer geben wellen.

Zum neündten sein wir auch lange zeit her mit ainem gelt, genant die leibsteur oder leibsaz, beschwärt oder beladen worden. Zu was notdurfft solh gelt gepraucht oder ob gemainer nuz damit gefürdert wirdet, wellen wir auch fürter nicht dann zegeben schuldig sein.

Zum zechendten, so sein wir lange zeit her mit der fueter beschwärdt worden, die wir järlich von allen güetern raichen vnd geben muessen. Deshalb wellen wir derselben fueter ganz vnd gar entmüessigt sein vnd der füron nit mer geben, dann es ist ain vnkost vmbsonst, dardurch niemandt geholfn oder gemainer nuz gefürdert werden möge.

Zum aindlifften, nachdem ain gestifft spital bey dem pad alhie ist, das allein den schein vnd den nam aines spitals hat, aber die werch, die darzu gehörig erscheinen, wenig, wirdet auch der kranckhen oder armen gar klaine vnderhaltung geben, die weill dann wissundt, das N. Wäginger zu Salzburg gedachts spitals aufhalten oder spitlmaister sein solle, ist vnser maynung vnd beger, das in solchem allem bey demselben spitlmaister notdürfftige wendung vnd ernstliche einsehung verordnt vnd verschafft werde, damit die armen leut genuegsam versehen vnd erhalten werden vnd das dem namen mit den werckhn vollziehung beschehe.

Zum zwelfften, nachdem wir mit der clam für vnd für teglich zuarbaiten vnd zumachen haben, welhe costung nur allain vber vns als die gantz landtschafft geet vnd angelegt wirdet, das vns in die leng zu thuen gantz vnmöglich vnd schwär sein würde, vnd wellen vns des fürter entladen, vnd haben fürgenomen, das auf dieselb klam ain zimbliche maut gesetzt oder gemacht würde. Von demselben gelt mues man alsdann die weg vnd steg machen vnd allain zu dem prauchen. Es soll auch solch gelt allain der landtschafft allhie vnd sonst niemandt anderm zuesteen vnd volgen.

Zum dreyzehenden ist lange zeit her bey vns ain vnnuzer prauch gewesen, wann ain vblthätter gefangen vnd des todts schuldig worden ist, haben wir vber denselben selbs anclager, rechtsprecher vnd beisizer sein müessen vnd darzue mit vnserm gelt denselben richten lassen, das wir fürter kaineswegs mer zuegeben wellen, sonder möchten wol leiden, das solhs wie in andern fürstenthumben nach geprauch kaiserlicher rechten gepraucht wurde, oder aber, wo sich solhs begäb, wie obsteet, das dann derselb verprecher von dem mautgelt, so aus der klam entpfangen vnd gelöst wirdet, gericht vnd gestrafft würde.

Zum vierzehendten wellen wir auch, das all vnser gesezt haubtleut, richter oder anwalde vber all vnd yedlich sachen, was das betreffe, güetlich vnd rechtlich zuthedingen, recht zusprechen oder zubesezen, volkhumen macht haben sollen, allen vnd alle pillichayt vnangesehen aller grundtherrn, official oder ander geistlich- oder weltlich personen handln thuen vnd lasse, dauon inen ain zimblicher pfenning, doch nit wie vor gegeben werden soll, damit sy sich eerlich enthalten mögen. Wir wellen vnd ordnen auch, das ain yeder gegenwurtiger oder khünfftiger richter oder der obrigkhait verwalder in dem wechslhaus sein herberg haben solle, damit ine die frembdn auch die landtsassen zuesuechen wissen.

Wo auch derselben richter ainer sich nit bey solchem ambt enthalten möcht, wellen wir, das das gschloss Klamstein sambt seiner zuegehörung der gantzen landtschafft zuesteen soll, vnd das es alsdann wonat (wohnhafft) würde, wie vor antzaigt, ainen richter gelassen würde, damit er sich auch dest statlicher erhalten möcht.

2 (37).
Schreiben an die Gasteiner.
30. Mai 1525.

Dem fürsichtigen, fürnemen vnd weissen N., ainer ganzen gemain vnd perkwerchs in der Gastein, vnsern cristenlichen vertrauten nachparn vnd bruedern zuantworten.

Vnser freundtlich gutwillig dienst sein euch allen mit genaigten willen zuuor berait. Günstig vnd sonder vertraut lieb freundt. Ain schreiben von euch allen ausgangen, des datum steet in der Gastein am suntag nach der auffart Cristi (28. Mai), haben wir in cristlicher vnd nachparlicher freundtschafft empfangen vnd verlesen, darinen wir befinden etlich beschwär vnd mangl, so man in der gaistlich vnd weltlichen obrigkait haben solt, das maist vnd das gröst von wegen des heiligen euangelion vnd des wort gottes, das selbig bisher kainen fürgang gehabt vnd der gemain arm man vil verfuert vnd allain der aigennuz darin gesuecht worden. Darauf man an euch von andern orten auch zuegeschriben vnd empotten, ob ir auch mangl vnd beschwär het, dasselb anzuzaigen vnd ir darauf besamlung rat gehalten, das ir derselbigen beschwärung vnd drange auch beladen, vnd wo man euch solhe beschwär, der vilfeltig sein, nit wendung darin zuthuen geschäch vnd verschueff, das nit ain gewalt zu vndersteen, solhen mangl abzustellen, darin in ain ausschus gemacht vnd an die ort geschickt, euer beschwär vnd mangl mit andern anzaiget. Ob euch nun wendung darin verschaffen wird oder nit, seid ir antwurt gewertundt vnd steet daneben in sorg, das man euch in solher aufruer vnd versamblung nit vberfallen thät; darauf ir an vns andern begert, ob wir der maynung auch beschwärt vnd beladen wärn in solhen leuffen, wie uor anzaigt, vnser gemuet, willen vnd maynung wissen euch zulassen, ir vns alsdann hilflich vnd rätlich darin zusein, sollen wir vns gegen euch versehen.

Darauf thuen wir euch zuuernemen, das wir etlich irrung vnd mangl haben möchten in geistlich vnd weltlichen sachen, dieselbigen in hofnuug, vnser genädigister herr vnd landsfürst werd in dem vnd andern seiner fürstlichen durchleuchtigkait erblanden wendung verschaffen on ainicherlay aufruer oder versamblung vnd vns als seine arm vndterthanen schuzen vnd schermen bey allen denen, des vns pillich vnd rechtlich gedeuchen soll, vnd haben diser zeit kain clag wider vnsern herren vnd landsfürsten.

Aber das ir besorget, das etwa durch vns oder ander frembdes volk von vns hinuber euch zu nachtail vnd verderben raichen solle, solhes solt ir euch von vnsern gericht vnd nachparschafft kains trang, gwalt oder beschedigung, das euch zu nachtail raichen möcht, zu vns nit versehen. Auch wo wir verstuenden, das von eurn herrn vnd landsfürsten ain volk durch vnser tal euch zu verderben ziehen solt, wo wir solhes indert erfragen oder bericht würden, woll wir euch solhes aus brüederlicher vnd nachperlicher trew vnd freundtschafft, es sey bey tag oder nacht, nicht verhalten, sonder gueten nachperlich vnd freundtlichen willen gegen euch erzaigen vnd halten. Des wir vns dann zu euch auch versehen. Und damit got mit vns allen,

der vuser beschützer vnd beschirmer sein solle. Datum **Vellach am
erchtag nach der auffart Cristi im fünf vnd zwainzigisten.**
   Eure willige
      burgerschafft vnd gemain in der herrschafft Valckenstain.

3 (1).
**Schreiben von denen Gasteinern in Pongau, Salzburger landts, an
die von Stall in Steyermarckht, am pfinztag vor pfingsten ausgangen
im fünf und zwainzigisten.**
1. Juni 1525.

   Vnser freundtlich grues vnd guetwillig dienst seyen euch zuuor
in aller guetwilligkhait beraitt. Gunstig vertraut lieb freundt vnd
brüeder in Christo. Nachdem nun ein lange zeit her das heilig evangelium vnd gotswort schlecht vnd wenig geoffenwaret, dardurch der
gemaine man verfüert worden ist, vnd von der geistlichkait in solchen
misprauch khomen, das vil aigennüziger sachen daraus entstanden
vnd auf khomen sein, dardurch dann aber der gemain man mit vil
selzamen funden vnd beschwerungen von geistlicher vnd weltlicher
herrschafft in menigfeltig wege beladen worden ist, die weil sich dann
nun die sachen allenthalben, wie euch sonder zweifl wol wissendt,
selzam zuetragen, villeicht aus anordnung vnd schickhung gottes,
der solchs verfürrisch reich zerstören vnd den grosen pracht aller
herrschafften, zuuoran der geistlichkait, ainstails hintern wil, als sich
wol erzaigt, das allenthalben schier in allen gebietten die gemainen
der märckht vnd städt, auch die paurschafft sich zuainander versambln vnd ainmuetigkhait machen, das dann in den gebietten vnd
fleckhen vmb vns ligendt auch beschehen ist, dieselben dann auch
vnser hilf vnd rat begert, die wir inen aus brüederlichen nachperlichen willen nit versagen wellen vnd inen die nach vnserm vermügen mitgetailt. Dieweil wir dann wissen haben, das ir auch in
dem fürstenthumb Salzburg verwant seyet, ist hierauf an euch allsamen vnd sonderlich vnser hochfleissig pit vnd beger, das ir vns
in solchem wiruar anzaigt, getrewen beystandt, euer hilf, rat und
tat nach eurm vermügen mittaillen vnd dargeben wellet vnd vns
auch vor allen geuerlichen einfallen vnd beschedigungen, wo vns die
anstossen wellen, warnen wellet. Der massen vnd nit anderst, wellen
wir euch vnser hilf, rath vnd warnung auch fleissig erzaigen. Des
habt sicher vnd entlich vertrawen zu vns, vnd was in solchem

euer gemuet vnd fürnemen ist, das last vns bey disem gegenwürtigen vnserm potn wider schrifftliche antwort wissen, damit wir vns auch weiter dornach zeschickhen haben. Damit sey die genad Christi vnsers erlösers alzeit mit euch vnd vns. Datum, etc.

4 (2).
1. Juni 1525.

Aller obgeschribner massen ist den von Windisch Matraü auch geschriben worden.

5 (3).
Schreiben an die in der Rauris, am pfinztag vor pfingsten ausgangen im fünff und zwainzigisten.
1. Juni 1525.

Vnser freundtlich guetwillig dienst zuuor. Günstig, vertraut freundt vnd brüeder in Cristo vnserm herren. Wir werden etlicher massen bericht, wie die von Stall vnd Windisch Matraü enhalb des Taurn, die doch auch in dem fürstnthumb Salzburg bewont sein, noch in vnser vnd ander derhalben pflichtung vnd zuesagen nit khomen seyen, deshalben wir vns zu inen noch nit als gar vertrauen mögen. Auch zubesorgen, das wir, dergleichen ir, wie dann wollgemaine aber doch nit vasst glaubliche reden vmbher lauffen, beschediget werden möchten. Demnach haben wir in vnser beratschlagung befunden, das wir inen schreiben vnd daneben an sy begern solten, ob sy bey vns steen vnd in allem solchem hilflich sein wolten, das sy vns dasselb zewissen thetten, als ir dann ab beyligundter copey, wie wir inen geschriben haben, vernemen werdet. Das wir euch aus brüederlicher lieb nit verhalten wellen vnd auch daneben anzaigen vnd pitten, das ir auch solchermassen, wie in vnser copey begriffen, an sy schreiben ausgeen liesset, damit wir auf grundt der sach khomen vnd entlichen verstandt, was gemuets vnd willens sy wärn, haben möcht, vnd fertigt desshalben vnsern poten auf das peldist ab mit euerem schreiben etc.

6 (4).
Schreiben an den pfarrer alhie yezt zu Zell wohnhafft am freytag vor pfingsten anno etc. im fünff vnd zwainzigisten ausgangen.
2. Juni 1525.

Erwirdiger wolgelerter, günstiger herr pfarrer. Vnser freundtlich grues vnd guetwillig dienst seyen euer erwirdt mit genaigtem willen, höchstes vleiss zuvoran berait. Wir haben nach jüngstem euerm abschid, von hier beschehen, der prief, register, zettln vnd ander·vnser frawen gotshaus allhie zuegehörig sachen, bey demselben gotshaus mangl befunden vnd haben nit wissen, wo die hin komen sein, oder ob ir die mit euch weckh gefiertt oder sonst verlegt vnd zu behalten geben habt, der wir yezt aus anliegendter grosser not vasst wol beturfft hetten. Demnach ist vnser hochfleissig pit an euer erwirdt, das ir vns dieselben brief, register, vnd ander zetln, dem gotshaus zuegehörig, beyzaiger dits briefs auf das füderlichist hereinschickhen oder dieselben, wo di ligen, anzaigen wellet, dann wir der zu fürdrung gemaines, auch des gotshaus vnd aller armen leut nutz notturfftig seyen vnd der kheines weegs entpern oder geraten wellen noch mügen. Wir versehen vns auch, das ir vns die on ainich weiter aufschub oder einrede nit vorhalten werdet. Wo ir aber solchs nit thuen, wurden wir euch weiter darumb zuersuechen vnd anzulangen verursacht. Derhalben ist noch vnser pitt, das ir euch vnd vns vor nachtaill verhüetten wellet, das wir genzlichs vertrawen zu euch haben, als zu vnserm gebieter vnd kirchherrn. Damit sey die genad Cristi vnsers haylmachers alzeit mit euch vnd vns.

Datum etc.   Christoff Kirchpichler, haubtman etc.

7 (6).
Credenzbrief Martin Zottens, haubtmans in der Gastein, gegeben am pfingstsonntag 1525, in namen der Gasteiner gemainde.
4. Juni 1525.

Joh. Martin Zott, haubtman in der Gastein, vnd wir die ganz versamblung daselb entpieten euch ersamen Weitmoser, haubtman, vnd allen andern seinen mitverwanten vnd brüedern vnser freündtlich grues vnd guettwillig dienst zuuor. Wir schickhen hiemit zu euch vnser getreue mitbrüder vnd freündt Christoffen Kirchpichler, Leonhardte Schwär, Wolfgangen Heügl vnd Cristan Reytter mit beuelch, was mit euch zu beratschlagen vnd zu handln, als wir inen schrifftliche instruction solher handlung zugestellt haben. Wie ir dann ab inen vnd derselben irer gschrifft clerlich vernemen werdet vnd was demnach gedachte vnser gesandten in disen, auch allen andern sachen mit euch beratschlagen, handln, thuen oder zuesagen werden, das solt ir inen ganzen, vesten vnd stäten glauben geben, als hetten wir das all samentlich persöndlich mit euch gehandlt vnd beratschlagt, das euch auch von vns also gehalten werden soll, das wir dienstlich bittundt sein, mit beger solhs vmb euch all vnd ainen yeden zubeschulden, vnd wellen vns in sulchem vnd anderm euch als vnsern vertrauten mitbrüedern in Cristo beuolhen haben. Damit sey die genad vnsers hailmachers alzeit mit euch vnd vns. Datum in die pentecostes anno etc. im fünff vnd zwainzigisten.

8 (5).
Instruction, was die gesandten, so am montag in den pfingstfeyrtagen (5. Juni) auszogen, als Cristoff Kirchpühler, Leonhardt Schwär, Wolfgang Heugl vnd Cristan Reytter dauor bey vnsern haufen vnd mit brüedern handln sollen.
1525.

Erstlich des silbers halbn, so bey der fronhüte in der Gastein anjezt gemacht worden ist, sollen sy, die gesandten, mit den haubtleütn beratschlagen, wie vnd was massen dasselb auf das nechst vercaufft werden möcht. Nemblich, ob das ain lang wern, das man dem Fröschlmoser zu Salzburg mit gueten glünpfen, mit fueg vnd in gehaimb solches anzaiget vnd schrib, ob er solch silber annemen vnd khauffen wolt, das er als danne das gelt etwo heraut zu hollen oder ander enden, wie das im rat befunden würdet, an gewisse ort legte. Dargegen soll ime auch das silber gelegt werden, vnd von demselben gelt sol man vor allen dingen die lidlöhner bezaln vnd abrichten, damit sy bey der arbait pleibn, vnd dieselb arbait also für vnd für erhalten, vnd auf das peldist mer silber gemacht werde. In solchem allem sollen sy die gesandten mit den haubtleütn dauor das pesst vnd nuzlichist beratschlagen. So aber die Fröschlmoser solchs silber nit annemen wolten, das man alsdann solchs anderen kaufleütn in der stat Salzburg dasselb antrüeg vnd inmassen mit inen handln, wie vor anzaigt ist.

Würde aber kainer befunden, der solch silber annemen wolt, das alsdann von stund an vnd auf das peldist potschafft herein geschickht, damit dasselb weiter, wie am glegenlichisten sein will, verkhaufft vnd zu gelt gemacht werde.

Zum andern, der knecht halben, so am jüngsten hinausgezogen sein, da sy die gesandte mit den haubtleütn dauor glimpflich vnd fueglich handlung anschickhen, ob dieselben ain freundtlichen abzug thuen möchten, dann alhie wärn wir auch noch leüt nottürfftig, damit man an dem perg was fruchtpares arbaiten, silber vnd gelt vns vnd denen, so daruor ligen, zu aufenthaltung machen möcht. Wo aber zu solches nit mit formlicher vnd glimpflicher handlung beschehen möcht, das alsdann ain musster gehalten, wer zu arbait nuz wären, vnd der man auch gross nottürfftig wär, wie dann ob beyligundter zetl etlicher huetleüt vnd ander vernemen wirdet, ausgemusstert vnd herein zu ziechen beschiden wurden. Doch das solchs alles nach der haubtleüt vnd der gesandten rat beschehe.

Zum dritten, das sich die gesandten aller ding halben vnder dem gantzen haufen vleissig erkhunden, zuvoran wie vil die zall der knecht vnder vnserm hauffen vnd wasmassen dieselben geschickht vnd teüglich seyen, vnd auch aller andern nottürfftigen ding, wie inen villeicht daussen wol zuhanden steen oder fürkhumen wirdet, vleissig erfarung vnd bestehung haben, damit es allenthalben ordenlichen vnd wol geschickht vnd gehandlt werde vnd vns zuvoran vnserm haubtman wider entlichen schrifftlichen oder mündtlichen bericht zu thun wissen.

Vnd in alweg, das nach der musster entlicher beschaid sambt abschrifft der musster zetl vns zuegeschickht, werde, damit wir vns furter mit gelt vnd andern sachen darnach zeordnen vnd zuschickhen wissen.

In solchem allen soll nach gelegenheit aller leüf, wie die yezt vor augen sein, das pesst durch die haubtleüt vnd die vnsern gesandten beratschlagt werden.

9 (56).
Missiv an obristen haubtman deren verbundenen landtgerichtern.
1525. (nach dem 3. Juni.)

Vnser freundtlich willig dienst zuuor. Günstiger lieber herr haubtman vnd sonder guet freundt. Wir haben eur schreiben, des datum steet am sambstag vor pfingsten, (3. Juni) an der Schwarzach ausgangen, empfangen vnd seines inhalts genuegsam wol verstanden, darin ir vns schreibet, wie ir bericht seyt, das wir vns etlicher massen der landtschafft vnd dem ganzen hellen hauffen nachtaylig vnd widerwertig erzaigt vnd gehalten haben solten, vnd daneben vnder anderm meldet, wo dem also sein solt, wer es euch vnd der landtschafft nit zu gedulden, mit begern vnd geschefft vns für euch hinaus zuuerfuegen vnd daselbs vor ewr vnd dem ganzen hauffen verantwortung zethuen. Wiewol wir in solhem eueren schreiben euer erbers gunstigs gemuet befinden, in dem das ir solhem nit von stund an glaubn zethuen genaigt seyt, sonder das also auf zweifl vnd entliche erfarung angestellt habt, so befrömbden wir vns doch solhen verlangens vnd vngegründter vnwarhaffter versagung auf das höchst, das vns also solhe grosmerklich im staten vnd verhandlungen on allen grundt vnd bestandt der warhait, vielleicht allain aus hizigem vnd neidigen zorn vnd misgunsten etlicher vnser feindt vnd misgoner auferlegt vnd zuegezogen werden solle, darin wir vns doch in kainen weg mit nichte für schuldig vnd verprochen erkennen, sonder mögen gleichwol abnemen vnd ermessen, das vns etwo vergeben vnd poshafftig leut, vmb die wir es doch mit nichte verdienet, gegen euch vnd ainer ersamen landtschafft versagt vnd mit vnwarhait verclagt haben, vnd vns also vermainen, gegen euch vnd menigelich in vnleumudt zebringen, das aber dermassen, ob got wil, nit befunden, noch mit grundt der warhait beypracht werden mag.

Dieweil wir aber grosser obligender geschäfft vnd notdurfft halben, so vnser yeden yez täglich fürfallen vnd zu handen komen, personlich nit so ausraisen vnd zu euch ziehen mugen, vns, wie not wär, zuueranwurten, so haben wir dennoch nit vnderlassen wellen vnd vnser entschuldigung mit dem pesten, so wir das zethuen wissen, euch schrifftlich pis auf verrer genuegsam handlung anzaigen vnd zueschicken wellen. Ist demnach vnser dienstlich hochfleissig pit vnd ersuechen an euch als obristen, wellet solhe vnser ausbleiben nit zu vngehorsamer verachtung zuemessen, dann wir das nit darumb, als wolten wir eur schreiben vnd eruordrung dardurch verachten, sonder allain aus notdürfftigen vnd merklichen geschäfft vnderlassen haben, auch solh vnser vnschuld vnd grosslich vnrecht, damit wir ersuecht vnd bezigen werden, zu herzen nemen vnd erwegen, vnd dieselben vngunstigen versagen mit pester sennftmuetigkeit hinlegen, wie wir vnser höchst vertrauen ze euch, als vnserm besonder gueten freundt vnd mitwoner, sezen. Damit aber solh vnser entschuldigung vnd wahrhafftigs anzaigen dest bestendigern grundt haben vnd dermassen mit warhait befunden werden mög, so erpieten wir vns vnd mögen leiden, das ir vnserm haubtman oder der ganzen landtschafft alhie vmb waren vnd gründtlichen vnderricht vnd verstandt der sachen schreiben mügt. Wirdet solhs nit dermassen befunden, wellen wir abermals darumb zu antwort komen vnd bey aller pillichait beleiben vnd besteen. Wir verhoffen aber, es werde bey einer ersamen landtschafft alhie nit anders befunden, dann das wir vns mit inen bisher in allen sachen, so vil vns der gepürlichait nach auferlegt worden ist vnd was vnser stuck vnd gueter betröffen, guetwillig vnd mitleidig gehalten haben, vnd das auch noch füran zethuen, souerr vns vnser vermüglichait darstreckt, willig erpietens sein. Vnser begern vnd hoch anlangen ist auch an euch, wellet solh vercleger, so vns mit vnwarhait anzaigt haben, herein für vnsern gesetzten haubtman, so ain gemainer landtschaffter werbt, auch für dieselb ganz landtschafft stellen vnd verschaffen, so wellen wir solhe clag vnd anzaigen mündlich von dem oder denselben verhörn vnd antwort darauf geben. Wo wir aber nit verantworten mögen vnd das solhe glaubwirdig auf vns darpracht wirdet, wellen wir aber die gebürlichait darumb leiden. In solhem allen vnd obangezaigten sachen versehen wir vns gueter, gerechter vnd pillicher handlung bey euch. Das wellen wir in alweg vmb zuuerdienen geflissen sein. Damit was euch lieb vnd dienst ist. Datum etc.

10 (7).
Schreiben an vnsern haufn, das man in gelt schickht, am montag in den pfingstn anno etc. im fünf und zwainzigisten.
5. Juni 1525.

Vnser freundtlich grues vnd guetwillig dienst seyen euch allen mit genaigtem bruederlichen willen alzeit zuuor. Günstig vertraut lieb brueder in Cristo vnserm haillandt. Wir schickhen euch hiemit bey zaiger dits briefs ainhundert gulden Reinisch. Die wisset also zuentpfachen. Vnser freundtlich pit ist an euch, ir wellet yeztmals als getuld tragen, bis das silber etwo zu gelt gemacht wirdet, vnd das wir auch in ander wege mit gelt gefast werden. Alsdann wellen wir vnser vermügen in kheinen weg sparn, sonder euch treulich vnd brüederlich mittaillen. Des vnd anders verseht euch also zu vns. Damit beuelhen wir euch dem herren Cristo, der welle euch vnd vns allen der wahrhait zue fürdrung glückh verleihen. Datum vt supra.

Martin Zott, haubtman.

11 (8).
Schreiben der Gasteiner gemeinde an ihren pfarrer.
Montag in den pfingsten.
5. Juni 1525.

Unsern freündtlich grues zuvor. Lieber herr pfarrer. Ir seid sonder zweifl wol bericht, wie vnd was gestalt sich jezt vil sachen begeben vnd zuetragen haben, also das wir auch aus vnserm tal auf ansinnen vnd beger alls der im Pinzgau vnd andern etlich hundert knecht wekh geschickht haben Vnd nachdem nun dieselben knecht vil soldes vnd aufenthaltens bedurffen, sein wir bewegt vnd verursacht worden, damit wir dieselben vnser mitbrüeder nit in nötten steckhen lassen, vnder vns selbs ain steuer, ainem yeden nach gelegenheit seines vermügens, anzulegen; dieweil ir dann nun vnser kirchherr vnd pfarrer sein solt vnd im tall bey vns eur guet gewunnen vnd erobert, wiewoll noch der weniger teill alhie bey vns ligendt ist, demnach bey vns vnd vnserm verordneten ausschusse ratbefunden, das euch als ainem vermügendten, nachdem ir dasselbig eur guet allain bey vns vnd von den vnsern gewungen, angelegt werden soll, nemblich dreühundert pfundt pfening, vnd das ir dieselben dreühundert pfundt pfening disen vnsern gesandten, die wir deshalben zu euch geferttigt haben, on länger verzug vnd weyter widerrede von stund an dargebet vnd euch darinnen nit widerspenig haltet, des wir vns genzlich zu euch versehen. Wo ir aber solhs nit thuen, sonder vber dises vnser begern ainich ein oder widerredt treibn, würden wir euch weiter dorumben in form vnd gestalt, damit wir solhs wol zubekhumen wessten, zuersuechen verursacht. Wir wellen euch auch hiemit ermant vnd entlich von euch ain wissen haben, ob ir in solchen fällen vnd leuffen, wie die jezt vor augen sein, bey vns steen, euer vermügen mit leib vnd guet darstreckhen vnd alles das thuen, das vnser ainem zu thun gebürt. Was dann in solchem allem euer gemiet vnd fürnemen ist, das last vns entlich bey disen vnsern gesandten wider potschafft wissen, doch in alweg, das wir die dreühundert gulden fürderlich haben, damit wir den knechtn zu vnderhaltung zu hilf khumen mögen.

Vnser aller ainhellig gemüet vnd maynung ist auch entlich vnd wellen euch als vnsern kirchherrn vnd pfarrer bey euren treüen ermant haben vnd gebietten euch solhs, das ir in kürze vnd auf das peldist mit allem dem, so ir aus dem tall gefüert oder füeren habt lassen, was das sey, bey vns wider erscheinet. Wo ir aber solhs nit thuen wurdet, möchten wir euch in ander wege vnersuecht nit lassen, darnach habt euch zu richten; dann wir wellen, so wir ain pfarrer solten haben, das der in allen vnsern widerwerttigkheiten, gueten vnd pösen, bey vns stee vnd mitleiden hab, wie sich dann wol gezimbt. Werdet ir solchs thuen, das ist mit fridt, wo aber nit, wirdet vns weiter rat vnd handlung not sein und damit was euch lieb vnd dienst sey. Datum etc.

Martin Zott, haubtman.

12 (13).
Schreiben an die Rauriser und St. Veithner, am montag in den pfingsten ausgangen.
5. Juni 1525.

Vnser freundtlich grues vnd guetwillig dienst zuvor. Sonder vertraut lieb freundt vnd brüeder in Cristo. Anheut jüngst haben wir euch geschriben vnd anzaigt, wie ain volckh an den Tauern heran gezogen sey, die vnser feindt sein sollen. Nachdem wir aber vnser post vnd kundtschafft gehabt, werden wir bericht, das enhalb des Tauern vnder Villach an die maut pruggen bey vier hundert starkhe raisigen zeüg khomen sey, die aber, alspald man der gewar worden, von stund an abgetriben vnd dermassen besezt vnd versehen worden, das jeztmals weiter volckhs bis auf vernern beschaidt nit not sein wirdet. Demnach mögt ir also noch bey gueter rue vnd onsorg bis auf verrer vnser anlangen, doch alzeit bey euerer warnung vnd fleissig aufsehung bleiben, das wir euch also brüeder vnser maynung nit verhalten haben wollen, mit danckhsagung eures gueten vnersparten willens, der wir in solhem vnd mererm zuuerdienen bey tag oder nacht in allweg erpiettlich vnd gehorsam sein wellen.

Martin Zott, haubtman.

13 (14).
Schreiben an die zu Radstadt, am erichtag in den pfingsten ausgangen.
6. Juni 1525.

Vnser freundtlich grues etc. Wir sein durch etlich sämer, so anheut vber den Tauern khomen sein, bericht worden, wie daselb enhalb des Tauern die sagmär sey, wie zu Clagenfurt auf anheüt oder morgen ain landtag sein solle, daselbs dann zusamen khomen werden bis in zwainzig tausent man, aber wenig fuesvolckh, sondern das maist tail reitter. Daneben auch die sag, wie dieselben dem von Salzburg zu hilf khumen solten. So haben wir auch an gestern ware khundtschafft von Villach gehabt, wie bey thausent reittern nahent an zwo oder drey meyl auf Villach khumen seyen, die auch villeicht der maynung gewest, als man sagt, dem von Salzburg zu helfen, die aber bald abwendig vnd in die flucht pracht worden sein. Auf solhs alles haben wir bey vns in rat befunden, das wir euch dits alles also zewissen thuen solten, das wir nit verhalten haben wollen, vnd pitten euch hierauf höchstes vleiss, wellet in solchem, wie vor anzaigt, euer post vnd kundtschafft allenthalben daselb hinüber bestellen vnd verordnen, damit wir oder ir entlich vns darzue zuschickhen wissen. Wo es aber die not eraischen wolt, das wir auch mitschickhen solten, des wellen wir vns nit widern vnd alzeit gehorsamblich erzaigen. In dem allen wellen wir vns nach euer gut bedunkhen vnd rat halten. Vnser pitt ist auch, das ir vns etliche berichttung gebt, wie vnd wan sich die im Bungau halten. Die gemain sag ist, wie die stat Gmundt von der lanndtschafft belegt worden sey, vnd die stat hab sich schon geben, aber das schloss noch nicht. In solhen allen last vns gewisse kundtschafft wissen.

Martin Zott, haubtman.

14 (15).
Schreiben an die zu Saalfelden wegen der angebotenen hülf.
6. Juni 1525.

Vnser freundtlich grues etc. Euer schreiben sambt eur guetwilligait haben wir verstanden vnd sagen euch derselben euers bruederlichen getreuen gueten willens hochfleissigen dankh mit erpietung, solhs in dene vnd ander weg nach vnserm besten vermügen hinwider zu beschulden vnd zuuerdienen vnd fliegen auch daraus weiter zuuernemen, das ir jeztmals also wol bey rue pleiben vnd euch aller sorgen vnd müe bis auf weiter vnser anlangen entladen mögt, dann vns worden von den von Villach auch dermassen widerumb abkhündt ist vnd daneben anzaigt haben, wie ain volkh bey tausend geraisiger nachent auf Villach vnd nämlich auf zway oder drey meil khomen sein vnd des willens, als man sagt, vber den Tauern herüber vnd dem von Salzburg zu hilf zu ziehen, die aber pald, als sy ain wider-

standt gemerckht, abgewendt vnd wider hindersich den weg zue
ziehen genomen haben. Deshalben haben wir vnser aigen post, die
sohin aigentliche khundtschafft vnd erfarung zu bringen, hinüber geschickht, der wir noch heut gewartn sein. Demnach verhoffen wir,
das jeztmals euerer hilff, der wir euch nochmals grossen dankh sagen,
bis auf verrern beschaidt nit not sein wirdet. Doch ermanen vnd
pitten wir euch, das ir alzeit bey euer warung vnd vleissig aufsehen bleibet. Wir thun euch auch hiemit zu wissen, das vns fürkhomen vnd angelangt ist, wie anheut oder morgen zu Clagenfurt
der adl derselben enden allenthalben bey zwaintzig tausend zusamen
khomen vnd ainen landtag haben sollen, in was maynung oder wege,
kunen wir nit ∘ntlich erfarn. Wir haben aber deshalben vnser aigen
posten gen Rastat vnd vber den Tauern anheut ausgen lassen, damit wir entlich erkhünden vnd erfarn möchten, was willens oder
gemuets dieselben wärn oder wie es allenthalben gestalt sey, damit
wir vns sambt andern vor nachtail vnd schaden zuuerhüten wissen.
Das haben wir euch alles gueter bruederlicher getreuen maynung
nit verhalten wollen vnd beuelchen vns auch noch in denen vnd
andern sachen, vns hilflich vnd beyständig sein, das wir euch hinwiderumb auch dermassen laisten vnd erzaigen wellen. Datum erichtag in pfingsten vmb die drit stundt nach mittag im fumf etc.
              Martin Zott, haubtman.

15 (16).
Sendschreiben an die von Villach in Kärnthen.
7. Juni 1525.

Vnser freundtlich grues etc. Vns ist angestern vmb acht vr
nachmittag aus der Rauris schreiben zuekhomen, denen auch schre·ben
von den aus Kirchhaim geschickht worden, die vmb hilf schreyen,
vrsach, das am Lurnfeldt ain volckh, nemblich Türkchen oder Kra-
baten, ligen solle, welcher schreiben wir euch hiemit abschrifft zu-
senden. Dieselben aus der Rauris ermanen vns auch vmb hilf. Nun
haben wir desshalben am vergangen montag vnser potn zu euch geschickht, die sach eigentlich zuerkhunden, die noch nit wider anhaim
khomen; wissen auch nit, was die vrsach ires so langen ausbleibens
ist. Demnach ist vnser dienstlich pitt, wo dieselben vnser potn noch
bey euch wärn, das ir vns von stund an mit berichtung aller vnd
aigentlicher khundtschafft, wie die sachen gestalt sey, abgefertig zue-

schickhet, wo dieselben potn aber nit vorhanden, vns dennoch alle sach schrifftlich wissen zulassen. Ist alsdann die not vorhanden, so wollen wir in eyll mit ainem volckh nach vnserm vermügen euch zu hilf aus sein vnd in solhem auch vmb weitter hilf mit potschafft an die andern nächsten vnser nachpawern kein mue ersparen. Des solt ir entliche zuuersicht zu vns haben.

Datum mitwoch nach pfingsten anno etc. 25. vmb 6 vr vormittag. Martin Zott vnd Marx Neufang, haubtleüt.

16 (17).
Sendschreiben wegen der denen Villachern zu leistenden hilf.
7. Juni 1525.

Vnser freundtlich grues etc. Wir haben euer schreiben sambt den andern abschrifften emphangen vnd iren inhalt verstanden vnd füegen euch darauf zu wissen, das wir annoch so vergangnen montag vnser aigen poten gen Villach geschickht, die sach aigentlich zuerkhunden, die aber noch nit anhaim khumen sein. So haben wir euch anheut aber post hinüber geschickht, damit wir ain grundt erfaren möchten, vnd haben bey vnserm verornden ausschuss in rat befunden, das jezt nit vonnöten sein well, also weiters volckh hinüber zuschickhen, bis vnser poten wider anhaimb khemen vnd wir der sach aigentlich bericht werden. Alsdann wellen wir vnsern vleiss nit sparen. Wir sein auch noch täglich bey vnser warnung vnd aufsehung vnd achten darfür, wo die not so gross vorhanden gewesen wär, die Villacher hetten vns solhs wol wissen lassen. Das haben wir euch also nit verhalten wollen. Datum Gastein mitwoch nach pfingsten vmb die sybendt vr vormittag anno etc.

Martin Zott vnd Marx Neufang, haubtleut.

17 (18.)
Sendschreiben, vermuthlich an die Radstatter.
8. Juni 1525.

Unser freundtlich grues etc. Wir haben von den aus Rauris, Täxnbach vnd Prugkh schreiben empfangen, die an vns ratschlag begert haben, aines volckhs vnd geschüz halben aus dem Intal (Inthall), wie sie vermainen, durch vnser aller versamblte potschaft darnach zuschickhen, das aber bey vnserm rat nit anstehlich oder ratlich sein wollen, vrsach, das wir vorhin entlich durch die, so anjezt aus dem veld hereingezogen, bericht sein, das die grafschafft Tirol ir potschafft bey euch im velt gehabt, sich willig vnd erpietlich erzaigt vnd erpoten, auch das ir, als wir bericht sein, darnach zwo posten aufeinander in die grafschafft vmb hilf ausgeen habt lassen, des alles die von Rauris vnd Täxenpach vielleicht noch nit gründtlich bericht sein. Derhalben bey vns beratschlagt worden, das wir euch solhes zewissen thuen sollten vnd rat bey euch nemen, damit wir nit spötlich vnd vnformlich mit den sachen handln, das vns vielleicht zu nachtaill raichen möcht. So will vns auch guet bedunkhn, wo der vorausgangen post in die grafschafft Tirol zu wenig vnd aines klainen ansehens wär, des wir doch nit zweifln, das alsdann von stund an noch ain merere ausgeschickht würde. Doch wie euch als den verstendigen solhs alles geraten vnd nach ansehen vnd gelegenhait fueglich sein will, in solchem allem handlt das pest, als wir euch als vnser cristlichen brüedern vertrawen. Wir haben auch solh vnser guet bedüngkhen vnd maynung den von Rauris vnd Täxenpach sambt ander berichtung, wie die in veld verloffen, schriftlich zuegeschickht.

Weytter thun wir euch zu wissen, wie die sag alhie in der Gastein ist, nemblich wie in den jezt vergangen feyrtagen, erichtag oder mitwoch, ain landtag zu Clagenfurt vnder dem adl gewesen sein solle vnd bis zwainzig tausent mann zusamen khomen. Was aber derselben gmuet vnd fürnemen ist, khünnen wir noch nit erfarn; aber zu besorgen, ob sy etwo dem von Salzburg zu hilf zueziehen wolten. Wiewol daneben auch die sag ist, das man solhe mustrung alle jar halt von wegen der Türkhen, so ist doch solhem pis auf erkhundigung aines warn grundts nit glauben zegeben. Demnach haben wir euch vnser ainfältig guet bedunkhen in solhem auch entdeckhen wollen, nemblich das vns für guet ansehen wolt, das man die stat Salzburg auf all örter wol umblegt ·vnd khain frembden, allain er het ware, genugsame vnd redliche vrsach, durch passirn liesset, vnd auch das man die örter vnd gränizen, dardurch dieselben herein khumen möchten, als zu Aussee vnd daselbs wol versehen vnd besetzt hette, damit sy nindert herzue khomen möchten. Was vber solhs alles bey euch ratlich sein wil oder wie wir vns fürter halten sollen, lasst vns schrifftlich antwort wissen.

Es ist auch entlich die sag alhie, wie die Keutschacher vnd der mehre im Lungaw allen stetten, märkhten und dörffern mit rauben, prennen und allen andern beschedigungen abgesagt haben solten. Das haben wir euch auch etc. Datum pfinztag nach pfingsten vmb drey vr vormittag anno etc.

Martin Zott vnd Marx Neufang.

18 (19).
Sendschreiben vermuthlich an die von Saalfelden.
8. Juni 1525.

Vnser freündtlich grues etc. Euer schreiben sambt dem schreiben von Martin Rüedl zu Prügkh haben wir empfangen vnd irer inhalt verstanden vnd befinden bey denen, so jungstlich aus dem veldt herein gezogen, Marx Neufang, haubtman, Erasm Hauser, waibl, das ir, desgleichen die aus dem Pinzgeüe, der sach nit recht bericht seyt, dann die aus der grafschafft Tirol haben ir aigen potschafft bey vnserm hauffen vnd mitbrüedern gehabt vnd sich aller guetwilligkhait erpotten, es sey mit volkh oder geschüz, dorin wellen sy sich nit sparn. Es haben auch darauf die vnsern von stund an zwo posten aufeinander vmb volkh und geschüz in die grafschafft Tirol geschickht. Verhoffen wir, es werde auf am sambstag Salzburg zunehmen, so haben wir auch vnser gesandten im veldt, der wir auch gewarten sein, die vns aller sach gründlich berichten werden. Deshalben vnsers achtens gantz on not sein will, weiter darumb anzelangen, bis wider ain post khumbt; dann nicht anders dann vnwillen vnd vnlust euch vnd vns zu schaden daraus erwüechst. Demnach wellen wir also bis auf verrern bschaidt stilhalten. Vnser guet bedunkhen ist auch, das ir jeztmals auch also verziehet; dann solten wir on rat, wissen vnd willen der vnsern, so davor von vnsertwegen im veldt ligen, was handln, das sy vor auch dermassen gethan oder gehandlt hatten, das wurd inen, auch vns allen zu grossen spot vnd nachtail eruolgen. Solhs alles mögt ir auch an die andern gericht Täxnpach vnd daselbs langen lassen vnd dermassen anzaigen, damit formlich mit den sachen gehandlt werde.

Wir haben auch vnser aigen post zu Rastat gehabt von wegen der leuff, so sich jezt daselbs enthalb des Tauern zuetragen haben, dieselben vnd ihr schriffliche berichtigung zuegeschickt, als ir ab beyligundter abschrifft zuuernemen habt. Das hab wir euch also nit verhalten wollen etc. Datum Gastein am pfinztag nach pfingsten anno etc. vmb siben vr vormittag.

19 (20).
Sendschreiben vermuthlich an die von Saalfelden.
9. Juni 1525.

Vnser freundtlich grues etc. Vns ist am mitwoch vergangen von den haubtleuten vnd der gemain aus der Rauris schreiben sambt ainem andern schreiben, von euch ausgangen, zuekhomen, mit anlangen vnd beger, das wir drey oder vier man hinauf zu euch schickhen vnd das dieselben beratschlagen sollen, in was massen vnd weg den aus der grafschafft Tirol vmb volckh vnd geschüz zuschreiben sey, sambt andern inhalt und auf solhs wir dann widerumb an die in der Rauris schrifftliche antwort ausgeen lassen, der maynung, das vns on der vnsern mitbrüeder, so von vnsertwegen im veldt ligen, rat, wissen vnd willen nichts fürzunemen, zu beratschlagen, oder an ander vmb was zuschreiben oder zuschickhen gebürlich sein will, dann wir durch Marxn Neufang glaublich bericht sein, das an nächst vergangnen sambstag derhalben ratschlag bey den vnsern in veldt beschehen vnd gehalten sein, wie ir ab inen wol vernemen werdet. Auf solh schreiben dann aber die Rauriser vns wider geschriben vnd anzaigt haben, wie Hans Hölzl, ir haubtman, sich der sachen dauor bey den haubtleüten in dem veld erkhundigt, auch das man jezt am jüngstuergangnen erichtag aber deshalben rat gehalten, wie ir vielleicht wol ab ime vernomen habt oder noch vernemen werdet. Damit wir vns aber in solhem nit widerstrebig erzaigen, schickhen wir hiemit zu euch Marxn Neufang als ainen haubtman vnd Hainrich Khunhauser, den wir in solhem vnser befelch, mit euch zu handln, volkhümenlich gegeben haben. Doch haben wir inen beuolhen, das sy sich bey euch aigentlich erkhunden, ob solh beratschlagung mit der vnsern, so im veld ligen, wissen vnd bewilligung beschehe; dann bey vns khunen wir nit in rat befünden, das wir on derselben beuelch oder zuegeben ratschlag halten oder vns vmb volckh oder geschüz zu schickhen vndersteen, demnächst gebürn will, wo die vnsern dauor, so von vnser aller wegen im veld ligen, in solhs nit zuegeben bewilligt vnd beuolhen haben, das wir all samentlich aus ainem yeden gericht zwen oder drey oder als vil ratlich sein, hinaus zu inen verordnet, das alsdann daselbs bey vnd mit sambt inen berathschlagt werde, wie vnd was deshalb zuhandln oder zuthun sey. Datum freytag nach pfingsten anno etc.

Martin Zott.

20 (21).
Sendschreiben (unerkenntlich wohin).
11. Juni 1525.

Vnsern freundtlichen grues etc. Wir haben eurn mündtlichen potten vernomen vnd füegen euch darauf zuuernemen, das durch vnsern rat beschlossen ist, nachdem wir vnser gesandten vier hinaus zu gemainem hauffen geschickht, mit beuelh, aller yezigem lauf halben das pest fürzenemen vnd beratschlagen, derselben zwen dann wider anhaimb khomen sein, aber die andern zween, die warten täglich auf antwort vnd beschaidt. Wir sein auch durch dieselben vnser zween gesandten, so anhaim khomen sein, gleublich bericht worden, das da vor in dem feld bey den vnsern entlich hinauf in die grafschafft Tirol mit allen gepürlichen genuegsamen verschreibungen, wie not sein will, vmb das geschütz zu schickhn, beratschlagt vnd fürgenomen worden ist vnd demselben fürnemen von stund an volziehung beschech, vnd nämblich drey namhafft, von der stat Salzburg ainen, von Hellen (Hallein) ainen, von der teller (thäler) wegen auch ainen, nemblichen Christoffn Kirchpichler. Verhoffen wir, wann vns widerumb aus dem feld beschaidt haben, das wir gewartunt sein, so werden wir diser vnd aller ander sachen halben von denselben vnsern gesandten ware berichtung empfachen, vnd wann die khomen, so wellen wir euch dasselb ir anzaigen mit den fürderlichisten schrifftlich zewissen thuen. Demnach vnsers achtens ganz on not sein will, ferner hinauszuschickhen, dann es wär gleich vergebens vnd ain costung vmbsonst, die man woll ersparn mag. So werden wir on das anheut vnser post hinaus in das veld schickhen, darbey wellen wir dise alles sambt andern notdürfftigen sachen anzuzaigen nit vnderlassen vnd yezt also bis auf weitter beschaidt stilhalten. Was aber die not nachmals eraischn wolt, darinnen wellen wir vns khainerlay weis widerstrebig, sonder alzeit gehorsamblich halten. Damit etc. Datum am suntag nach pfingsten dem aindlifften tag junii, im etc.
Martin Zott, haubtman.

21 (22).
Sendschreiben an den haufen zu Salzburg.
1525.

Vnser freundtlich grues etc. Wir haben euer schreiben empfangen vnd seines inhalts verstanden vnd schickhen euch daraufhin mit bey zaiger dits briefs ... guldein Reinisch; die wisset also zue entpfachen vnd habt, also getuld. Wir khunnen es ye nit gleich von stund an haben oder zuwegen bringen, als ir vermaint. Müssen doch wir auch vil gedulden vnd für vnd für wol mer als ir auf schedlich einfall vnd anstoss sorg tragen, so sein wir all mit einander cristlich brüeder vnd, in solhen fällen bey einander in allen widerwärtigkaiten zusteen, vns zusamen gelobt vnd verpunden, so sollen wir ye solhs nit allein mit den worten, sonder auch vilmer mit der that erzaigen, das vns und ainem jeden, wo wir anders recht christlich brüeder genant werden wollen, gebüert vnd zuesteet. Demnach bedunkht vnser not bey den furn vnd tragt mit vns getuldt. Desgleichs wollen wir auch thuen des pfarrers halben, wie in eurm schreiben begriffen; der hat vns auf guet raittung hundert gulden geben. Er will auch, alspald er ein wenig sterckher würdet, mit leib vnd guet zu vns hereinziehen. Wir haben auch durch die, so von vns zu inen hinausgeschickht worden sein, zu Zell bey gericht vnd anderswo sovil gehandtl, wo er, der pfarrer, mit todt abgieng, das vns sein hab vnd guet vnnerruckht pleiben soll. Doch wirdet es mitler zeit villeicht anders geschaffen. Wir haben ine auch deshalb noch nit gar ledig gezalt, dann wo weiter not sein, wirdet man ine aber wol zuersuechen wissen.

Dann, wie in eurm schreiben gemelt ist, des Strassers halben, das derselb, was er der bruederschafft des gleichs von dem haus zuthuen sey, bezalt, oder es soll ime von dem gemainen man, so dauon lign, nit vertragen werden, des er sich gegen euch gross beschwärt vnd zaigt an, vnd yber sein hochs erpietn so groblich gleich troens weis angelangt sey, vnd er sich doch vormals ye vnd allweg erpoten, was er schuldig sey, das woll er alles erberlich, wann man das haben will, par bezallen, nur allain, das er dargegen mit verschreibungen des haus halben versehen werde, wiewol er yezt nit gelt hab. Er hab aber ain gemachts silber vnd, wann er das zu gelt gemacht hab, so welle ers par mit einander bezaln. Wo aber ye die not vorhanden wär, so welle er doch gelts werdt, das all stundt zu gelt gemacht werden möcht, darfür anzaigen vnd erlegen. Sey auch noch des erpietens, auf welche stundt man das haben will, vnd beschwärdt sich eueres schreiben hoch, vermaint, das ime solhs vnpillich beschehe, vnd vns hierüber gepetten, euch solchs anzuzaigen, damit er gegen euch enschuldigt vnd fürter so hochs anlangen entlassen werde. Er hat auch anjezt von stund an mit den bruederleutn abgerait vnd sy bezalt. Dann des andern gelts des haus halben ist er vrpittig, wie vor. So fer er mit verschreibungen zimblich versehen werde, welle er thuen, wie er mög vnd das gelt oder gelts werdt erlegen. Das haben wir euch freundtlicher maynung nit verhalten wellen.

22 (23).
Sendschreiben an Hansen Schwär vnd Erasm Weitmoser.
1525.

Vnser freundtlich grues etc. Wir werden glaüblich bericht, wie etlich in euern rat sein, die alweg, so man was zu gemainen nuz vnd vnserm feindt, dem von Salzburg, zuwider fornimbt oder rat schlagt, das dieselben alweg hinder sich ziehen, darein nit bewilligen, sonder nur für vnd für vorzug halten wellen, das vns vnd zu voran der gemainen ganzen versamblung alhie, vnd nit allain hie, sonder auch ander enden gros verdachtlich vnd volleidlich ist. Demnach ist vnser fleissig pit an euch, wellet dieselben, die ir dann villeicht woll wissent, mit fueg vnd guetem glimpfn aus eurn rat ab vnd weckthuen, damit nit ain ganze gemaine versamblung durch dieselben verfürt vnd in nachtail gepracht werde. Des haben wir euch also in gehaimb, damit es nit vnder die gemain khome vnd dardurch ain aufruhr oder empörung ersteen möcht, nit verhalten wellen, vnd seit in allen sachen vleissig, wie ir wol zuthuen wisst, vnd wir entlich zu euch vertrawen haben.

Will alsdann vonnötten sein, das etlich von vns oder andern tellern (thälern), welche dann darzue tauglich vnd euch gefällig wärn, bey euch im rat sein solten, das wellen wir auch nit abschlagen vnd . . . .

Wir thuen euch auch hiemit zuuernemen, das anhaüt gemaine versamblung der paurschafft allhie für vns khomen sein vnd fürtragen lassen, für das erst des fueter haber halben, wieviel das das vergangen jar dem doctor Awer oder dem Kirchpühler ergeben oder vnergeben ist, wellen sy, das inen derselb, es sey habern oder das gelt, dem gemainen man zu aufenthaltung volgen vnd zuesteen soll. Darauf haben wir im rat befunden, das wir ine solhem an euer rat, wissen vnd willen nicht fürnemen oder beschliessen sollen, sonder euch dasselb zewissen thuen, vnd was alsdann bey euch in rat fürgenomen wirdet, das soll also bey crefften bleiben vnd von vns vnd den andern allen gehalten werden, doch wellen wir euch in solhem vnser guet bedunckhen vnd gmüet vnabgeschlagen pessers rats auch eröffnen. Nemblich das, welhe ambtleüt aus denselben fueter habern ir bestellung vnd prouision hetten, das man inen 'denselben bis auf ausgang ires bestimbten ambts volgen lies, vnd das aber solhs füran, wie vorbenennter landtschafft fürnemen oder wo ain pessers rat befunden würde, gehalten werden soll.

Für das ander alles wildprätts vnd visch halben begern sy, das dieselben inen allen dem armen, als dem reichen ganz frey sein sollen. Darauf wir inen auch zu antwort geben, es wär nit in vnser macht, solhs an fürwissen oder rat in erlaubniss zugeben, sonder wolten euch desselben anzaigen, damit ir sambt den andern mit eürn ratschlag erleüterung gebt, vnd wie es in solhem allem yezt vnd hin füran steen vnd bleibn soll. Pitten wir, das ir dasselb aufs fürderlichist in eürn rat erlediget vnd vns solhs zewissen fueget, damit wir der ganzen landtschafft widerumb antwort zegeben wissen. Act. im veldleger vor Salzburg.

23 (39).
Missiv von Wolfgang Heugl, haubtman zu Gastein, vermuthlich an haubtman Erasm Weitmoser.
1525. (nach dem 11. Juni).

Mein freundtlich willig dienst zuuor. Günstiger lieber herr haubtman. Ich hab eur schreiben, so mir anheunt dato geantwort worden ist, des datum steet am sonntag trinitatis (11. Juni), zu der neunten stundt vor mittags enpfangen vnd seines inhalts verstanden. Nun sein mir vorhin teglich schrifftlich vnd mündtlich posten von Leonhardt Haider vnd Matheusen an der Schwarzach zuekhomen, die mir dann iren grossen drang vnd anligundte not clagundt zewissen gethan haben, mit hohem pete, inen mit dem peldisten auf das sterkist zu hilf eylen. Darauf ich von stund an die ganz landtschafft vnd menigelich zueinander berueff, mustrung vnd anders hiezue dienstlich gehalten, vnd also erstlich von der landtschafft zu zwayenmaln bis in drithalb hundert man bemelten haubtleuten zuezeziehen abgefertigt. Nachmals hab ich die gesellschafft des perkwerchs auch ob dem perg zueinander eruordern lassen vnd mit inen gehandlt, das der maist thail derselben, welche anders on erhafft vrsachen aushaben mügen, auch hinach mit ainem fendle verruckt sein, vnd der pis in hundert, zu denen so noch teglich hinnach zeziehen willens sein. Doch haben sich die knappen auf diesen beschaidt erhebt, das Leonhardt Haider, als haubtman des glegers, so anyez gegen den feindn ist, vnd als gemainer landtschafft geschriben, daneben vns auch die gericht im Pongewe vnd ander ende glaubliche mündtliche potschafft zuegethan, das dieselben knapen hinauf verrückhen sollen, so welle dieselb landtschafft darob sein, die weil inen ir vermugen raichet, damit sy erbarlich gehalten vnd besoldt werden. Auf solhen beschaidt dann dieselben gselln all gezogen sein, dann ir mögt wol bedenkhen vnd ermessen, das die besoldung solher gesellen ainer ainigen landtschafft alhie zu schwär vnd vnmüglich zubezaln wär.

Dann was noch übriges völkh vber vorgemelte anzaln im tal beliben ist, das wirdet die Tauern vnd ander gränizn zubesorgen vnd zu besezen, damit derselben ende kein schedlicher vberfall beschehe, nit zuuil vnd khaum genueg sein, dann wol zu gedenkhen ist: nachdem nun in kurzer zeither vil volkhs aus dem tal verruckht vnd dem leger geen Rastat vnd Abenaue zuegezogen ist, das nun vber zwayhundert redlicher vnd werlicher leut in dem tal alhie khaum befunden, also dann das augenscheinlich wol besichtig mag werden, das volkh, so noch im tal beliben ist, zubesichtigen vnd zu mustern, auch ander ordnung vnd weg fürgenomen, damit man die Tauern vnd gränizen mit bester vorbetrachtung on ainich schedlich vberfall inn haben vnd versehen möcht, zu dem dann auch etwas volkhs not sein wirdet. Ich gedenkh auch gleichwol, wir möchten füran noch mer von andern haubtleuten, wie bisher beschehn, vmb volkh vnd hilf ersuecht vnd angelangt werden, vnd wo man nit gleich von stund an im anzug wer, als vns dann das nit mehr ze thuen muglich ist, wir liessen dann die gränizer vnbesorgt, so würde vns das zu vngehorsam vnd für widerwertig ermessen, das vns villeicht zu nachtail raichet. Demnach pitten wir euch, wellet vns hierin gunstige fursehung thuen vnd darob sein, das wir weiter volkhs zeschickhen entladen werden, so wellen wir vns hie, souil vns muglich ist, enthalten vnd wo sich ye etwas feindtlicher ansehung zuetragen würden, der feindt mit gottes hilf auf das pest wir möchten erweren.

Damals jüngstlich verganges freytags vor trinitatis zu sant Johanns im Pongaw ain versamblung der ausschuss aller gericht in gepirg beyeinander gewesen vnd etlicher obligendter sachen halben rat gehalten vnd vnder anderm beschlossen, wie eur sonder zweifl wol wissen ist, das man die freyen knecht aus allen gerichten besolden solle. Daraus dann gemainer landtschafft alhie bey sechzig gulden angelegt ist. Demnach ich mich bey gemelter landtschafft in eil bemuet, solh gelt einzubringen vnd bey Lorenzen Viehhauser zueschickhen. Als ich aber dieselb landtschafft zuainander versamblt vnd mit inen deshalben in handlung gewesen, ist aylendte post khumen, wie die feindt die vnsern aus dem leger getriben haben, vnd das man eylendts den vnsern hilf zu schickhen solle. Also ist die landtschafft dismals von ainander khumen vnd vast alle aus dem thal den vnser zu hilf verruckht, das ich damals weiter nicht fruchtpars hab handlen mügen. Aber mit dem peldisten, so ich das imer verfuegen khan, wil ich khain mue ersparn vnd fleis ankhern, solh gelt einzubringen vnd euch furderlich zueschickhen. Ich hab auch Lorenzen Viehhauser darauf also zu uerharren gepetten vnd pitt euch, wellet ime solh sein lang aussein nit für vngehorsam noch nachlässig ermessen, sonder das grosser notdurfft halben zum besten bedenkhen. Solhes alles hab ich aus schuldiger gehorsam vnangezaigt nit lassen wellen. Bit mich hiemit in sondern gunst beuolhen haben. Damit alzeit eurer guetwilliger. Datum erichtag vor etc. anno etc. fünf vnd zwainzigisten.

Euer williger

Wolfgang Heügl, haubtman zu Gastein.

24 (24).
Sendschreiben, vormuthlich an den haufen zu Radstatt.
14. Juni 1525.

Vnsern grues etc. Wir haben eurn mündtlichen potten vernomen vnd füegen euch daraus zu wissen, das wir ganz genaigtes willens seyen, euch in solhem vnd andern vnser brüederliche hilff, es sey bey tag oder nacht, nach vnserm pessten vermugen zuerzaigen vnd laisten, das solt ir genzlich euer vertrauen zu vns haben. Wir haben auch auf solh euers gesandten anzaigen gehalten vnd in rat befunden, das vns khainswegs gemaint sein noch guet bedunckhen will, das man gleich von stundan on weitter erfahrung der sach dahin ziehen oder volkh schickhen soll, dann wo dem nit also wär, wie ir bericht seyt, wurde vns allen zu letst nur nachtail vnd spot daraus eruolgen, das wir in solhem verhüetten sollen. Dann allein auf aines ainigen mans sag oder mündtliche pottschafft khan so starkh nit gehandlt werden, als wär solhs schrifftlich beschehen vnd haben auf solchs weiter in rat befunden vnd will vnsers achtens auch ganz vonnötten sein, das ir von stund an zween oder drey hinüber in das Lungaw schickhen sollet, vnd das sich dieselben aigentlich aller leuff erkhünden vnd aufs fürderlichist vns solhs zuwissen thain het. Wolt alsdann die not eruordern, das man auf sein solt, so wellen wir bey tag oder nacht vnser vermügen mit leib vnd guet nicht ersparn. Das haben wir euch brüederlicher maynung nit verhallten wellen vnd versehen vns entlich, ir werdet dem also auf das fürderlichist nachkhomen, damit wir vns weiter darnach zuschickhen vnd zuordnen wissen. Datum mitwoch vor corporis Cristi anno etc.

Martin Zott vnd Marx Neufang.

25 (25).
Sendschreiben, vermuthlich an die zu Radstatt.
1525.

Vnsern freundtlichen grues etc. Es ist an dato für vns khomen herr Hanns Teissnperger, beneficiat des Strohners stifft alhie, wellen euch auch hiemit dienstlich vnd freundtlich gepetten haben, das ir kainen, wer der sey, geistlich oder weltlich, on redlich vrsach oder on genuegsame erfahrung der personen khain glaub oder sicherung gebet. Wo ir aber ainen oder mer glayt gebt oder geben wolt, der ir nit genuegsame khundtschafft het, das ir die bey euch in gueten glaidt behalt, bis ir euch sein standt oder weesens wol erkhundet vnd on seiner obrigkhait, von dannen der ist, es sey von stetten, märckhten oder dörffern, die in der stifft Salzburg bewont seyen, wissen vnd willen nicht mit solhen handlet oder anfahet. Dergleichet wellet mit andern, wer dy seyen, edl oder vnedl, den ir glait gebt, auch dermassn handln vnd auf alle teller (thäler) vnd gericht langen lassen, dann in solhen leüffen ist zu besorgen, das etwo ainer mit gleidt was handlet, das vns allen zu nachthail raichet. Demnach ist hierin sonderlich vleissig aufsehn zu haben, damit dem ganzen hauffen mit spot oder anders arges daraus erstee.

Hic jnferas vltim. et ijs fit conclusio, widerumb antwort wissen etc. ferrer, vt secundum in fine recluso, das haben wir etc. et sequencia scribunt etc.[1]

---
[1] Das Latein ist dem obigen Wortlaute nach in dem Manuscripte enthalten.

Wir haben auch aus grosser fürsorg, so wir diser vnd ander mer halben tragen, das wir etwo gehling verkhürzt vnd vberfallen werden möchten, vnseren haubtman geschriben, das er etlich knecht nachdem wir sonst vil knecht weder ander gericht oder örter dauor ligen haben, wider herein geschickht vnd ausgemustert hettn, damit wir nit so gar mit volckh verlassen, vnd das wir vns, wo not auskhäm, der feindt erwern möchten.

26 (26).
Sendschreiben an die Gasteinerischen hauptleut des haufens zu Salzburg.
1525.

Vnser grues etc. Vns hat Cristoff Kirchpiehlen anzaigt, wie er mit ainem genannt N. Schrengkh von Münichen gerett vnd souiel gehandtl hab, das er vnser silber, so aus dem fronerzt gemacht ist, annemen vnd das gelt hergeben wil. Darauf schickhen wir zu euch mit dem silber Marxn Neufang, vnser haubtman, vnd Micheln Probegker, die werden von desselben silbers wegen handln vnd wo die eur hilf nottürftig wärn, die wellet inen von vnsertwegen mittailen, vnd von demselben gelt ordnen wir euch fünffhundert guldein, die mögt ir dauor behalten vnd den knechten geben vnd das vbrig vns herein schickhen, damit wir die lidloner abrichten vnd bezalen, das dieselben bey der arbait pleibn vnd fürderlich mer silber machen mögen. Dann von wegen der muster haben wir euch vor auch geschriben vnd yezt disen vnsern gesandten abermals gwalt geben vnd beuolhen. Dieselb muster wellet also mit hilf diser vnser gesandten vleissig volpringen vnd vns die muster zettln herein schickhen, damit wir vns darnach mit gelt vnd andern zurichten wissen.

Vnser fürnemen ist auch vnd wellen fürter vber zwayhundert knecht nit dauor halten noch besolden aus treflichen nachuolgenden vrsachen:

Nämblich für die erst, das vns solhs in die leng nit mer vermuglich noch zu erschwingen ist, dann ir mögt selbs wol ermessen vnd gedenckhen, wo zuletst, so es ain zeit weren soll, das gelt oder anders in vnserm thall aufgepracht möcht werden, nachdem ir wol wisst, was vermugens die landtschafft vnd das ganz perckhwerch ist. Es würde euch vielleicht auch treffen werden.

Zum andern, so seyn yezt vil selzamer gschwindter leuff vor augen, muessen vns taglich vor geuerlichait vnd beschedigungen, wo vns die vber den Tauern oder anderswo anstossen wurden, besorgen vnd alzeit bey warnung vnd ausspehung sein, damit wir vnser dergleichs euer eer, leib vnd guet bewarn vnd vor nachtaill verhueten mugen. Es ist auch ainem glaubwürdigen bey vns neure zeittung khomen, die er vns auch eröffent, der wir euch hiemit abschrifft zueschickhen, daraus ir wol vernemen mögt, wie wir mit sorgen teglich vberladen sein.

Zum dritten sein wir auch groslich beschwärt, das wir also bericht sein, wol pis in vierhundert knecht auf vnserm sold dauorligen haben, vnd ander teller (thäller) gericht vnd örter, die grössers vnd merers vermügens sein, als wir, nur zweyhundert knecht dauor haltn vnd besöldn, des wir nit vnpillich beschwärung haben.

Diser angezaigter vnd ander vrsach halben wil vns nit fueglich noch gemaint sein, vber zwayhundert knecht zu halten, dann wir muessen auch täglich der widerwertigkheiten, wie vor anzaigt, gewarten. Sollen wir dann so gar mit volckh oder mit gelt vnd anderm enplöst werden, so möchten wir solhen vnsern feindten nit widerstandt thuen, muestn zuletst gar vberfallen werden, das dann an euch vielleicht auch langen wurde.

Dennoch so schickht vns die vbrigen knecht, so vber die zwayhundert ausgemustert werden, herein vnd bezalt inen die drey verfallen wochen vnd vmb die viert wochen mögt ir sy vnd iren sold auf vns beschaiden, den wollen wir inen bezallen. Welcher aber ausgemustert vnd nit in der zal der zwayhundert wär vnd der nit herein ziehen wolt, dem wellen wir doch khain sold weiter geben. Des wist ir inen also wol fürzuhalten.

Wir wellen euch auch hiemit freundtlicher vnd brüederlicher maynung ermant vnd gepetten haben, das ir mit vns also in allen widerwertigkhaiten vnser aller zusamen verpindung nach gedult vnd mitleiden tragen wellet, dann wir ya all zuainander gelobt vnd geschwörtt haben, das wir all beyeinander besteen, heben vnd legen wellen. Das wellet also zu herzen nemen vnd erwegen, dann euch die sach gleich als wol antreffen ist als vns, das wir alhie höchstes vleiss auch alzeit thuen wellen, dann wir ye zu zeitn wol auch anstös vnd widerwärtigkhait haben, darum wir euer gleich als wol verhuet, als vnser. Solhs alles haben wir euch bruederlicher freyndtlicher maynung anzaigen vnd nit verhallten wellen.

Martin Zott, etc.

27 (27).
General-Missiv derer Gasteiner an die Lungauer.
16. Juni 1525.

Ich Martin Zott, haubtman, vnd wir die ganz versamblung in der Gastein empietn allen vnd yeden haubtleuten, pflegern, verwesern, richtern vnd gemainden, auch sament vnd sonderlich allen inwonern aller stet, märkht vnd gericht in Lungau, die sich in die erstanden cristlich pundtnuss ergeben vnd bewilligt haben, vnsern grues vnd guetwillig dienst zuuor. Vns ist zu mermalln angelangt vnd fürkomen; wie ir in ewrm landt vnd flecken allenthalben mit feindten vmbgeben vnd beladen sein vnd für vnd für von vns vnd andern als von eurn nachpauern hilf begeren sollet. Nun haben wir deshalben von euch noch nie ainicherlay begern oder ansinnen weder durch mündtlich oder schriftlich potschafft vernomen noch empfangen, darnach wir vns dann euch als vnsern cristlichen brüedern vnd nachpawern zu hilf vnd beistandt zuschickhen vnd zuordnen hetten wissen. Dieweil wir dann nun diser vnd ander leuff halben kain wahrhafftigs oder glaublich anzaigen, denn nur vergebne wort vnd potschafftn, erfarn haben künen oder mügen, so hat vns vber solhs nit ratlich sein noch guet bedunkhen wellen, auf solhs schlecht anzaigen volkh auszumustern vnd wek zuschickhen, dann vns vormals von andern enden auch dermassen schlecht potschafft fürkomen vnd wir vns darnach geordent. So aber solhs aigentlich erfarn worden, ist es dem erstern anzaigen nit gleichmässig gewesen. Derhalben wjr jetztmals auch also pis aus genuegsam erfarung aller vnd jeder diser leuff verzug vnd stillstandt zehalten verursacht worden sein, vnd pitten euch hierauf, wo die sachen also (wie vns anzaigt) gestalt wärn, vns solh verzug nit zu argen erdenkhen oder messen. Wir schickhen deshalben hiemit zu euch ainen vnser mitbrueder, zaiger dis briefs, mit beuelch, das sich derselb aller angezaigter sachen halben bey euch vleissig erkunden vnd erfarn solle vnd auf das fürderlichist vns solhs wider berichten, dann wir vns, wo euch die not so gros beladn würde, mit vnser hilf auch dorzu zeschickhen wessten. Demnach vnser vertreulich dienstlich bitt, das ir gedachten vnsern gesandten euch günstigelich beuelhen haben vnd ine aller sachen aigentlich berichten vnd auf das fürderlichist abfertigen. Wirdet euch alsdann hilf not sein, wellen wir vns alzeit willig in solhem vnd anderm erzaigen vnd halten. Desgleichen versehen wir vns zu euch auch, vnd habt also vleiss. Das wellen wir künfftigelich auch in solhem beschulden vnd verdienen. Geben zu Gastein vnder mein Martin Zottens furgedruckhtem petschadt am dem sechzehenden tag junij anno 25.

28 (28).
Sendschreiben derer Gasteiner.
17. Juni 1525.

Vnser freundtlich grues etc. Wir haben eur schreiben empfangen vnd vernomen, des datum am freitag vor corporis Cristi anno etc. fünf vnd zwainzigisten, darin ir vns so hoch anlangt vnd anziecht, wie wir erstlich diser aufruer vnd aufstandts vrsacher vnd anfenger gewesen sein vnd euch auch darein gefüert vnd gebracht haben sollen, des ir sonst lang vertragen gewesen wärt, des wir vns doch in khainen weg schuldig wissen oder erkhennen, vnd befrembt vns hoch, das ir vns mit solhen worten anlangt. Dann als wir verhoffen, mögt ir mit khainem wort anzaigen, das wir euch weder mündtlich oder schrifftliche potschafft derhalben zuegeschickht haben, dardurch ir zu solhe aufruer erweckht oder bewegt het mögen werden. Demnach beschicht vns solh anmutung vnpillich von euch, dann wir derselben aufruern nit handler noch beweger gewesen sein, sonder allain ist vns solchs an gestern verschiner drey wochen in der nacht von andern ausserhalb vnsers tals, als von den im Pinzgew vnd aus dem Pongew, ankhomen, wie ain volkh, die vnser feindt sein sollen, vor dem lueg ligen sollen. Deshalben wir auch aus bruederlicher trew vnd lieb vnd nit vonwegen ainicherlay aufruer oder vnainigkait vnsern nachpaurn hilf beweysen vnd aufgewesn. Das es aber weiter khomen vnd nit bey den plibn, ist on vnser schuldt. Demnach wellen wir hiemit gegen euch solhes ewers bezeichens entschuldigt vnd fürter solh vnd dergleichen anmutens von euch entlassen sein. Darumb wir euch freundtlicher brüederlicher maynung gepetten haben wellen, dann es vns fürter gegen den vnsern, so zu Salzburg im veldt ligen, desgleichen gegen andern nachtaillig würde. Das wellen wir in solhem auch vmb euch beschulden vnd wir wellen euch aus cristlicher brüederlicher lieb nit vnderlassen vnd euch nach vnserm pesten vermugen auf das fürderlichist vnser hilf mittailen vnd schickhen. Das habt genzlichs vertrauen zu vns. Am sibenzehenden tag junij anno 25. Gastein.

29 (29).
Gewaltbrief an die Ober- und Unter-Innthaler, von denen Gasteinern ertheilet.
1525.

Jch Leonhardt Schwär, der zeit haubtman in der Gastein, vnd wir die ganz versamblt gemain vnd bruederschafft des ganzen perckwerchs vnd landtschafft daselbs entpietten allen vnd yeden, was standts oder consens die seyen, sonderlich allen gemainden des perckwerchs vnd der landtschafft des Obern- vnd Nidern-Inntals, vnser genaigt guetwillig dienst vnd freundtlich grues sambt gnadt, fridt vnd ainigkait von got, Jesu Cristo, vnserm herren. Nachdem nun ain zeit her die christlich obrigkait hoher vnd nider stendt das heilig evangelium vertunkhlt vnd dem gemainen mann solhs schlechtlich vnd wenig geoffenwart vnd entdeckht, zudem auch, das solh evangelium mit der gotlosen lästerlichen menschen leeren vnd maynungen verfelscht vnd veruolgt worden ist, dardurch vnzelliche grosse misspreuch in der heiligen gemainen cristlichen kirchen erstanden vnd erwachsen, vnd das auch derselben mispreuch dem gemainen mann allenthalben zu verderbung vnd verfüerung der seelen, leibs vnd guets entsprossen sein. Dieweil aber solh verfüerisch reich nit bestandt, sonder das hochgötlich warhafftig wort alzeit vnüberwunden besteen, verharren vnd fürtrang haben wil, wiewol die welt dawider mit irem verstockten gmüetern ficht vnd frafflich veruolgen. Jedoch ist die krafft desselben warhafftigen wort gottes so hoch, wie vil es verfolgung leidet vnd geduldet, ye mer es gemüet vnd beuestiget wirdet, vmb welche willen, damit es vnüberwindtlich bestee, hat der sun des menschen leiden vnd sterben muessen.

Nachdem wir auch von vnserm landtfürsten vnd andern seinen gaystlichen vnd weltlichen gesetzten obrigkhaiten lange zeit her beschwerung vnd vberladung in menigfeltig weg geduldenvnd leiden haben müessen, welhe dann nit zu abnemung, sonder vilmer von tag zu tag aufgenomen vnd dem gemainen mann zu grösster beschwerung gewachsen sein, zu dem auch wir neulich verschiner zeit mit vngelt vnd andern vngebürlichen beschwerlichen lesten auf dem perckwerch vnd der landtschafft groslich beladen worden sein, wiewol wir zu mermalln aller diser beschwerden vmbwendung angerueftt vnd gepetten, so hat vns doch solhe wendung nie erdeihn oder volgen mögen, dadurch wir zu aufruer vnd enpörung bewegt vnd geursacht worden sein. Dieweil wir dann wol obnemen vnd erkhennen, das wir solhs ohn beystandt oder hilf zum endt nit volströckhen mögen, demnach schickhen vnd ordnen wir hiemit zu euch vnser getreue mitbrueder vnd freundt Martin Strasser vnd Hansen Wurffl mit sambt andern von andern orten des halben verordnedten mit beuelch, was an euch zuwerben vnd zu handln, wie ir dann clerlichen mündtlichen von inen vernemen werdet. Demnach geben, odnen vnd beuelhen wir gedachten N. N. vnser volmechtig gwalt, wissentlich in crafft dits briefs also, das die gedachten vnser gesandten ir beuolhen werbung sambt andern, es sey von haubtleuten, pflegern, richtern, vor den gemainden oder vor denen, do sich solhs zethuen vnd zuhandln gepurt, anpringen, eruordern vnd werben sollen vnd mögen, vnd sonst gemainiglich alles anders, was die notturfft hierin eruordert, volmechtiglich zuesagen, handln, thuen oder lassen. Demnach geloben vnd versprechen wir all samentlich bey vnsern trewen an aydesstat vnd bey verlierung vnser hab vnd gueter, alles, das vorgenante vnsere gwalthaber vnd anwalde bey allen den, da sich solhs zethun gepurt, fürnemen, betrachten, beratschlagen, zuesagen, handln, thuen oder lassen werden, solhs alles vest, stät, vnzerprochen vnd dises gewalts gegen menigelich on schaden zuhalten. Ob sy aber noch ander vnd merer gwalt hierin zugebrauchen nottürfftig wärn oder würden, den wollen wir. inen etc.

30 (69).
22. Juni 1525.

Vnsers gnedigstn herrn erzherzog Ferdinandn etc. vicestathalter, hof- vnd kriegs-räte der Nider-Oesterreichischen lande etc. Dem wolgebornen herrn Sigmunden von Dietrichstain, Freyherrn zu Vinckenstain, Hellnburg vnd Tallberg, türstl. durchl. etc. rat vnd landtshaubtman in Steyer, vnserm besondern lieben Freundt vnd günstigen herren.

Wolgeborner besonder lieber freundt vnd gonstiger herr. Vnser freundtlich vnd willig dienst seyen euch zuuor. Wir haben an nächten spat ain schreiben von ew bey der post, des datum steet zu Ernaue am 18, tag junii, empfangen, das wir sambt der eingeschlossnen zetl, auch des raitzolners brief, so ir vns daneben zuegeschickht, mit iren inhaltungen vernomen vnd zaigen ew darauf verrer an, wie wol wir vormals der f. d. vnserm genedigisten herrn etc. euers fleis vnd handlungen mit dem pesten bericht, so wellen wir doch ir f. d. dises ewers schreibens auch verkhünden, on allen zweifl, ir f. d. werde darob besonders genedigs gefallen tragen. Dann als ir verrer meldet, wie die teütschen auch behemischen knecht weiter nit ziehen wellen, ir habt inen dann von newen ain monat sold zuesagen muessen. Nun versteen wir daraus nicht lauter, ob es die maynung hab, das ir das monat auf ain neues dermassen fürgeben sey worden, das es sich nach ausgang des ersten monat anfahen soll, oder ob sich das erst monat an dem tag, daran sy den scharmizl gehalten, darumben das der sig wider die pawern erhalten sey worden, geendet vnd daran das ander monat ausgangen sein solle, darfür wir es doch nit achten.

Demnach begern wir an ew mit vleiss, ir wellet vns darin einen beschaid geben vnd wie ir die sachen hierinen gehandlt, lassen wir vns von f. d. wegen gefallen vnd wellen ew yezo von stund an vnd on verzug ainen monat sold, desgleichen herrn Cristoffen von Rügthiniz auch ainen monat sold gen Leübe erlegen vnd euch zewissen machen, damit er dieselben zwen monat sold erheben vnd wegfuern lassen mügt. So sein auch den viztumb in Steyr ausgeschüz vnd ander tägliche ausgab fünfhundert gulden verordent.

Vnd damit solh der pawrn pöse muetwillig handlung gestrafft vnd ander ebenbild daran empfahen, auch die, so sich sonst noch in aufruer begeben möchten, damit gestilt vnd in sorgfältigkhait gebracht werden, so ist demnach vnser rat vnd guetbedunkhen, das ir gegen den Petern Klein, so ir gefangen habt, auch allen andern haubtleutn vnd rädlfuerern, wo die ankhomen oder betretten werden, mit spissen, schinten, viertaillen vnd aller grausamen straff handln vnd verfarn lasset, damit sy vmb ire pöse muetwilligkhait misset ir belonung empfahen vnd durchaus an der paurschafft, wie obsteet, erschreckhen vnd erzittern gewynnen vnd zu solhem ainen prouosn-zuchtiger vnd, was derselben vonnötten ist, bestellen vnd aufnemen. Vnd was ew darüber lauffet, wirdt euch auch zubezallen verordent.

Dann die pauerschafft, so nit als einfältig der paurnhaubtleuten vnd rädlfüerern angehangen, welche derselben erfragt werden mügen, ire hauser vnd gueter verprennet oder wo es andern vnschuldigen zuuerderben raichet, die niderprechen vnd niderreissen lasset vnd also mit raub vnd prant ainen treffenlichen anfang machet, dardurch die andern dest mer zu prantschazung bewegt vnd vmb gnadt zu pitten geursacht werden, vnd hienach, so das kriegsvolkh von ainander khumen wirdet, die pauern ainen verderblichen augenschein von inen sehen vnd bedenkhen, was inen abermals, wo sy mer aufruer machen, auf ein neues daraus entsteen wurden.

Vnd die andern gemainen pauern durchaus vnd allenthalben, wo die aufruern entstanden, prantschazen lasset, also das ain yeder nach seinem vermugen geprandtschäzt vnd nit ain gleiche prantschäzung, also das der arm sovil als der reich geben solle, gebraucht werde. Vnd solh prantschäzung sollen der fürstlich durchlaucht rat vnd vizthumb in Steyr, Wolfgangen Gräswein vnd Veit Zollner, derselben ambtman im vordernperg, einnemben vnd aigentlich beschreiben, auch von allen den, so dermassen geprantschäzt, ir weer genomen vnd mit nicht gelassen werden, vnd hierinnen alles dasjenig, so euch für guet vnd dienstlich ansichet, fürnembet vnd handlet, wie ir der gelegenheit nach wol zu thuen wisset, inmassen ir bisher mit vorbeträchtlichen geschicklichkhait gethan vnd khainen vleiss gespart habet, des wir euch bey der f. d. aufs höchst beruemben vnd vns solhs hinfüran an stat irer f. d. bey euch genzlichen versehen wellen, vngezweiflter zuuersicht, die f. d. wirdet das in sondern gnaden gegen euch erkhennen. Datum Wien am 22. tag junii anno domini etc. im fünf vnd zwainzigisten jar.

31 (30).
Schreiben gen Schläming von den Gasteinern.
24. Juni 1525.

Vnser freundtlich grues etc. Vns sein von den haubtleutn vnd der gemain zu sant Veit im Pongeue abschrifften etlicher schreibn, so von euch ausgangen sein solten, zuekhomen, vnder welhen schreiben das erst von wegen aines freyen fendtls, (das ir zuegeben vnd auswerffen wolt), lauten ist, das ander aber von wegen gemainer bruederlicher hilff, die wir euch, als ir in demselben schreiben begert, bruederlich mittailen solten. Auf solhs erstes schreiben haben wir vns, souil muglich gewest, bemüet, damit euch hilff mitteilt wurde. Dieweil wir aber in solhem gehandlt, ist vns angezaigtes anders schreiben zuekhomen, dorin dann von dem freyen fendl nicht gemelt noch angezaigt wirdet, sonder allain der hilf begert. Deshalben wir weitter nicht entlichs handln oder fürnemen haben mügen, nachdem wir auch eurs gemuets zum thail wenig von euch selbs, dann allain von andern bericht seyen. Jedoch haben vnserm vermugen nach wir noch etlich knecht dem freyen fendl zuezuziehen bestellet vnd verordnet. Damit aber wir aller leuff vnd sachen halben, so bey euch fürkhomen vnd vorhanden sein, etliche vnd warhafftige berichtung vnd khundtschafft empfahn vnd wissen haben mögen, auch das solhe knecht, so von hie abgeschiden werden, wo man der nit nottürfftig wär oder wurdet, nit zu weit verruckhen, haben wir deshalben vnser aigen pottn mit disem vnserm schreiben zu euch abgefertigt. Bey demselben wellet vns fürderlich alle gestalt der sachen aigentlich inschrifft berichten, damit wir vns auch fürter darnach euch zu hilf oder in ander wege zeordnen vnd zuschickhen wissen.

32 (36).
Missiv Caspar Prästlers an gesambte verbundene oder bundtsgenossen.
24. Juni 1525.

Ich Caspar Prästler, obrister veldhaubtman der Salzburgischen landtschafft vnd des glegers anjezt zu Salzburg versamlet, embeut allen vnd yeden vnsern pundgenossen allenthalben im gepirg mein bruederliche lieb zuuor vnd füeg euch zuwissen, das anheut vmb die drit ur nachmittag vns pottn zuekomen seindt von dem haubtman zu Rastat, anzaigent, wie sich die vom adl in Steyr vnd Kerndten in der stat Rotenmann rottiern vnd versameln in maynung, vns im landt Salzburg vnd gepürg haimbzusuechen vnd begerendt vnd pittend, inen mit volkh beystandt zuthuen. Vnd so wir dann aigentlich wissen, das ye die not voraugen, so ermann ich euch in rechter bruederlicher lieb, in welcher wir zusamen haben gesezt, ir wellet bey euch fürderlich geholffen sein, inen, so maist ir mögt, aus Rastat kriegsvolkh zueschickhen, sölhem fürnemen der vom adl zubegegnen. Wellet auch überall die päs, dodurch zu perg vnd tal in das landt gerruckht möcht werden, verlegen vnd verschlagen, auch bey tag vnd nacht in gueter warnung sein, euer vnd vnser eer leib vnd guet zuuerhueten vnd wie sich die sachen furter schicken wirdet, vns desselben vnuerzogenlich zu berichten. Datum vier vnd zwainzigisten tag junii anno etc. fünff vnd zwainzigisten.

33 (31).
Gasteinerisches Schreiben gen Vellach.
24. Juni 1525.

Vnser freundtlichen grues etc. Wir haben eur schreiben empfangen vnd seines inhalts verstandten, darin wir befinden, wie ir so gehling on redlich vrsachen vberfallen vnd vberzogen worden seint, das vns ganz nit gemaint vnd auf das höchst betrüeblich vnd leidt ist, vnd wo wir euch solhs in ainichen wenden hetten mögen, wolten wir khain vleis erspart haben. Weytter gunstig freundt vnd brueder, als in eurm schreiben begrifen ist, ob wir wissen gehabt hetten, das solhs vberziehen vnd fräflich handlung mit euch der gemain in der Rauris oder der andern in vnserm geleger beuelch vnd bewilligung gewesen sey oder nit, darauf so wisst, das wir khein wort nie dauon gewisst noch gehert haben. Achten auch ganz dorfür, das die vnsern zu Salzburg im veld nicht darumb wissen, noch ainich beuelch, solhs zu handln vnd zuthun geben oder beuolhen haben. Was aber die in der Rauris gehandlt oder angefangen, khunen wir nit wissen. Aber vnsers achtens seyen sy in solhem auch vnschuldig, dann wo sy was darin gehandlt, hetten sy vns solhs als irn nachpaurn auch zuwissen than, als sy dann vor offtmals gethan haben. Wo wir aber solhs vorwissen gehabt hetten, wolten wir euch solhs vnserm zuesagen nach nit verhalten, sonder zeitlich zuwissen than vnd solhe vnpilliche handlung in dem pessten vnserm vermögen fürkhomen vnd gewendt haben. Des habt genzlichs vertrauen zu vns, vnd lassen es füran noch bey der vorgethanen vnser zuesagung. Desgleichs versteht euch auch gueter nachparschafft zu vns.

34 (32).
Gasteinerisches Schreiben gen Villach.
27. Juni 1525.

Vnsern grues etc. Nachdem ir vns jungstlich schreiben zuegeschickht habt, die wir seines inhalts vernomen vnd euch widerumb darauf schrifftliche antwort bey demselben eurn potn wissen lassen, in welhem schreiben dann vnder andern begriffen ist, wie Hans Springer von seinem hauffen vnd knechten entloffen vnd veldflüchtig worden sey, welhs wir auch also von andern namhafften personen glaublich berichtung vnd erfarung empfangen vnd verstandten haben, darneben mit anzaigung, wie derselb Springer sambt ainem andern

knecht mit namen Hans Hueber auf dem geschlos zu Welsperg
ainen watsac mit aintausend vierhundert ducaten heimblich vnd on
wissen der andern knecht erobert vnd zewegen pracht vnd damit
also geflochen sein sollen. Nachdem aber derselb Springer vnd Hueber
alher in das thal zu vns khomen vnd sich bey dem padt etlich tag
enthalten, das mir als haubtman alles, wie vor begriffen, angezaigt
worden ist, vnd darauf rat gehalten vnd im rat befunden, das dieselben zween, dieweil wir vns, dann euch solhs, (wie sich wolgeburt),
nit zuerhalten als vnsern vertrauten nachpauern schuldig vnd pflichtig
erkhennen, fänkhlich angenomen werden sollen, das dann beschehen
vnd noch also gehalten werden. Nachdem aber derselb Springer an-
gehalten worden, was doch seines so behenden wechfliehen vrsach
sey, hat er vnder andern beschlieslich anzaigt, wie ime getroet, er
würde von euch vnd andern erstochen werden, darauf er dann geflochen sey. Haben wir darauf vnder vns in rat befunden, das wir
euch solhs mit dem furderlichist verkhundigen sollen, auf maynung,
ob ir was spruch oder andere handlung zu inen hett oder zuhaben
vermaint, das ir in dem nit verkhürt, sonder das zeitlich vnd rechtlich zu inen ersuechen möcht, auch damit wir nit in argem bey euch
aus mainung, als wolten wir sy, wo sy auch verprochen hetten, dar-
zuehalten, verdacht werden. Demnach vnser pitt vnd freundtlich beger
an euch, wellet vns in khurz eur guet vnd fürnemen in solhem zewissen fuegen, damit wir vns auch darnach zuschickhen wissen.

35 (33).
Gasteinerisches Schreiben an den Haufen zu Salzburg.
28. Juni 1525.

Nachdem vns jüngstlich euer vnd vnser haubtman Erasm Weitmoser bey vnserm gesandten geschriben vnd seiner haubtmanschafft
muessigung begert vnd gebetten, darauf wir ime dann auf fürgenomen rat, sich noch der haubtmanschafft vierzehen tag in zuhaben,
geschriben vnd freundtlich gepetten haben; alsdann wolten wir vns
mitler zeit ainem andern, der euch gefällig wär, dargeben vnd anzaigen beratschlagen. Demnach thuen wir euch zuwissen, das wir
in rat einhellig befunden haben vnd zween nemblich Lienhardt
Schwär vnd Micheln Pramegkher, die dann vnsers achtens darzue

tauglich wärn, zu haubtleutn furgenomen, doch in solhermassen, das wir euch solhs hiemit anzaigen vnd verkhundigen. Wo euch alsdann vnder disen zwayen ainer gefellig vnd darzue tauglich oder fueglich guet bedunkhen sein wolt, möcht ir vns dasselb zewissen fuegen, wolten wir euch alsdann denselben fürderlich hinaus verordnen. Wo euch aber vnder disen zwayen khainer annemlich sein wolt vnd ander vnder euch selbs oder bey vns darzue dienstlich wesset, die wollet vns auch fürderlich anzaigen, wellen wir vnser vleis darin nit sparen. In solhem allem last vns wider euer schrifftliche antwort wissen.

36 (82.)
Schreiben Caspar Prastlers, obristen Feldhaubtmans.
30. Juni 1525.

Ich Caspar Prastler, obrister veldthaubtman, vnd gemainigelich die landtschafft an yezo zu Salzburg versamblt entpieten den gestrengen, edln, vesten, erbern vnd weisen gemainigelich den ambtleuten, pflegern, mautnern vnd andern ambtsuerwesern diz Salzburgischen bistumbs, in was orten oder stends die seyen, vnsern grues vnd bruederliche lieb zuuor. Nachdem ir euch khurz hieuor mit euerm leib vnd guet zu vns gesezt, derhalben wir euch in vnserm schuz vnd scherm aufgenomen vnd euch bishero guetwillig darin gelassen, so vns aber dizmals sachen fürfallen, darzue wir euer gegenwurt sambt euern rechenbrief dürfftig seyen, damit wir an dem durch eue nit gehindert werden, so gepieten wir euch allen in gemaine vnd sonderhait, das sich euer yeder von stund an angesichts diz briefs, alspald euch der durch disen vnsern geschwornen potn zuebracht wirdet, alher in die stat Salzburg für vnsern verordenten ausschus sambt dem gelt, so ir in euerm ambt beyhendig habt, verfueget, alda auch zuuernemen, was mit euch verrer guetlich gesezt wirdet, dann welher aus euch sich solhs entsezen vnd vns daraus ainich nachtail entsteen, so wurde die landtschafft vnd ich verursacht, gegen euch ze handln, des wir vil lieber vertragen sein wellen. Geben vnder vnsers mitverwanten des fürsichtigen weisen Ruepprechten Lassers, burgermaisters zu Salzburg, aigen fürgedruckhten insigil, von vns allen erpeten. Beschehen am letsten tag des monats junii anno im fünff vnd zwainzigisten.

37 (34).
Gasteinerisches Schreiben an den haufen zu Radstat.
1. Juli 1525.

Vnsern grues zuuor etc. Wir haben zway eur schreiben empfangen, vnd vns ires inhalts verstanden, befinden in dem erstn euer begern des prots halben, das wir euch auf das fürderlichist hinach schickhen wellen, in welchem schreiben ir vns auch anzaigt schreiben von den herrn, edlleuten vnd landtschafft aus Kerndten auch hinwiderumb antwort der von Rastat. Ferrer haben wir ain schreiben von euch am freytag zu nacht vmb die zehent stund empfangen, das wir seines inhalts genuegsam verstanden, welches inhalt mit dem begern beschlossen, das wir euch auf das fürderlichist mit pester vnd sterkhster macht zu hilf an die Mändling khomen sollen, sambt anderm desselben inhalts; vnd darauf ich als haubtman fürderlich die ganz versamblung aller gemain im thal zueinander berueftt vnd eruordert, inen solhs schreiben vnd begern fürgehalten vnd anzaigt vnd darüber rat begert vnd gehalten vnd beschlieslich in rat befunden, das vns khains wegs nit gemaint sein noch guet bedunkhen wil, yezt also eilendts volkh aus vnserm thal wechzelassen oder zeschickhen oder vns also mit volkh zuentplössen aus grossen fürtrefflichen nachuolgendte vrsachen:

nemblich vnd erstlich, wie euch sonder zweiffl wol wissent, was mannschafft vnd werhafft volkh nach euerm abzug im thal pliben ist vnd was gestalt die zu khriegen teuglich vnd geschickht seyen;

zum andern, so habt ir villeicht wol wissen, das wir mit so wenig vnd schlechten wern im thal versehen vnd bewart seyen, vnd so eilendts die nit zu bestellen oder zumachen wissen;

zu dem auch vnd für die dritt vnd nöttigist vrsach, das wir gleublich bericht seyen, wie enhalb des Tauern zu Pasarnitz bey fünfhundert knechten, die dann zu besorgen seindt, ligen sollen. Derhalben wir für vnd für sorg tragen vnd fleissig aufsehen haben muessen, damit wir vns sambt vnserm vnd euerm weib, khindt, hab vnd guetern vor schaden vnd allen andern schedlichen einfallen vnd beschuldigungen zubewarn vnd zuuersehen wissen;

für das viertt haben wir auch aigentlich erfarung, das anjezt vergangner freytag nacht an der Schwarzach bey dreyhundert gueter werhaftter knecht gelegen vnd zu euch in das veld zeziehen willens gewesen vnd villeicht numals wol bey euch sein oder palt khumen werden, dauon ir villeicht nit wissen gehabt. Dem allen nach, wie anzaigt, haben wir für vnnötig geacht, das wir yeztmals volkh zu euch schickhen sollen. Doch schickhen wir hiemit deshalben zu euch vnsern sonder gueten freundt vnd brueder Hansn Türing,[1]) zaiger des briefs. Denselben wellet aller sachen gründtlich vnd aigentlich berichten vnd auf das fürderlichist wider abfertigen, damit wir der sachen eigintliches wissen haben möchten. Wo alsdann vonnöten sein wurde, wolten wir allgar, souil vnser im thal sein, mit pester ordnung vnd macht auf das peldist zu euch bey tag vnd nacht verfuegen vnd vns auch mitl der zeit mit wer vnd aller ander nottdurfft statlich wol versehen.

Demnach, wo ye die not so gros vorhanden wär, so seit nit saumig vnd fürdert vnser gesandten auf das peldist, damit wir vns auch zuordnen vnd zuschickhen wissen.

38 (51).
Quittung haubtmans Leonharden Schwärs in der Gastein.
10. Juli 1525.

Ich Leonhard Schwär, der zeit haubtman in der Gastein, vnd wir die ganz versamblt gemain daselbs bekennen mit disem brief, das vns die erbern N. N. vnd N. N. vmb das gelt von wegen des stuckhs silbers, so von der fron gemacht vnd zu Salzburg durch dieselben vnser gesandten verkhaufft worden ist, erbarer, volkhumer vnd beschlieslicher raittung, auch vberantwurtnus vnd bezalnus des rests, so vber die besoldung der knecht zu Salzburg vberpliben ist, gethan vnd ausgericht haben, daran vns wol benuegt, auch all ander vnser mitverwanten vnd nachkhomen oder wer deshalben pruch zehaben vermainten, in ewig zeit wol benuegen soll. Demnach sagen vnd verjehen wir all samentlich vnd sonderlich gedachte N. N. vnd N., auch wer deshalben quittierens notdürfftig ist, alles einnemens, ausgebens vnd aller ander handlung volpracht, nichts ausgenomen, hiemit in crafft dits briefs ganz muessig, ledig vnd los zu ewigen zeiten. Das zu warem vrkhundt hab ich obbemelter Leonhardt Schwär mein petschadt für mich selbs auch anstat ainer ganzen versamblte landtschafft hiefurgedruckht, doch mir, meinem petschadt on schaden. Beschehen am montag nach Vdalrici anno im fünff vnd zwainzigisten jar.

---

[1]) Am Rande eine Correctur: Türnig.

39 (10).
Vertrag von der landtschafft zu Salzburg.
31. August 1525.

Von gottes genaden wir Ludwig, pfalzgraue bey Rein, herzog in Obern vnd Nidern Bairn, des bundts zu Schwaben oberister veldthaubtman, bekhennen vnd thuen khundt aller menigelich mit disem offen brief, als sich verschinen zeit wider den hochwirdigsten in gott vatter, vnsern lieben herrn vnd freundt, herrn Matheusn cartinalen vnd erzbischoffen zu Salzburg, legaten des stuels zu Rom etc. seiner lieb vnd des stiffts vnderthanen nämblich im anfang etlich vom perckhwerch, tällern vnd gerichten vnd pauerschafften empört, in aufstandt sich begeben vnd pündtnuss gemacht vnd nachuolgendt etlich vom adl die von stetten, maerckhten zu inen bewegt vnd zum tail gedrungen, die mit irn harnischen vnd wörn sich in einer grossen anzall versamblet, ander kriegsuolkh zu inen beworben vnd bestelt, wider gedächten iren herrn vnd landsfürsten etlich beschwärt vnd gebrechen, die inen wider alt herkhomen zuegefueget sein sollen, zu haben vermaint, den stifft vnd seiner lieb stätt, schlösser, fleckhen vnd ämbter eingenomen, seiner lieb vnd etlichen iren verwandten vnd landschäfften ire hab vnd güeter entwendt vnd eingenomen vnd sein lieb im schloss Salzburg vmbgeben vnd belegert, desshalb dann der durchleuchtigist fürst vnd herr herr Ferdinand, prinz vnd infant in Hispanien, erzherzog zu Österreich etc., vnser freundtlicher lieber vetter, auch vnser freundtlicher lieber bruder herzog Wilhalmb in Bairn etc. vnd wir etlich rät verordnet, solh empörung vnd aufstandt abzestellen, beruerte vnderthanen von bemeltem irem fürnemen guetlich davon zereissen, das sy iren herrn vnd landtsfürsten gebürliche gehorsam laisten vnd darauf guetlich vnderhandlung ausfall, zimblich mitl vnd weg fürzenemen vnd vleiss einzukheren, dardurch die taill on pluet vergiessen vnd one kriegs vbung vergleicht werden möchten, als aber dieselben etwo vil vnderhandlung, auch fürgeschlagen mitl vnd weg berürete vnderthanen von irm fürnemen vnd belegerung nit abwenden mögen vnd aber die stende des pundts zu Schwaben mit ainem merkhlichen kriegsvolckh seiner lieb vnd dem stifft zu rettung zuegezogen, haben wir zu lest mit ieder taill vorwissen, zuelassen vnd bewilligung dise nachuolgendt entlich betedigung, compromiss vnd austrag abgeret vnd aufgericht, die auch yez gemelt taill bewilligt, angenomen vnd sich solhs alles vnd yedes gestracks noch zekhomen vnd zuuolziehen, auch denselben getreulich zuhalten inhalt irer gebnen brieflichen vrkhundt verschriben haben. Nemblich sollen gemelte vnderthanen sich in gemain stende des bundts gnadt vnd vngnadt ergeben, von denen sy doch auf sonder gnedig vnderhandlung vnd anhalten gedachten vnserm lieben vettern, bruedern vnd vnser der straff am leib vnd guet erlassen vnd begeben sein sollen.

Zum andern sollen sy vnserm lieben herrn vnd freundt, dem cardinal vnd erzbischof zu Salzburg, als iren herrn vnd landsfürsten bey seiner lieb stifft vnd desselben volkhomene regierung, inmassen sein liebe vnd ire vorfarn die vorgehabt vnd damit vom heiligen reich belehnt sein, ganz vngetrübt vnd vnverhindert lassen, auch all pundtnuss, verstandt oder bruederschafften, so sy dises aufstandts vnd empörung halben vnder inen oder mit andern, sye seyen wer sy wellen, niemants ausgenomen, auch wie die genant oder namen haben mögen, hiemit ganz aufgehebt, todt vnd ab sein vnd hinfüran dergleichen weder gemacht noch practiciert werden. Sy sollen auch yezt alspaldt irer pflicht, derhalben vnder inen vnd mit ainander gethan, sich vnder einander auch andere ire mitpundgenossen ledig zellen vnd bemuessigen vnd dieselben hiemit auch ganz aufgehebt sein, darzue die bundtsbrief, ob vnd sovil der aufgericht, zu vnsern handen stellen vnd abzethuen vnd vnserm herrn vnd freundt, dem cardinal vnd erzbischoffen zu Salzburg als irem regierenten herrn vnd landtsfürsten wiederumb gewendliche pflicht vnd huldigung, wie bey dem stifft Salzburg gebreuchig ist, thuen vnd alle gehorsam laisten. Sy sollen auch ir versamblung vnd khriegsvolckh on seiner lieb vnd menigelichs schaden von stundan gar abschaffen vnd abziehen lassen vnd allein der ausschuss von wegen der sachen, die hernach volgt, zuerledigen sein mit genuegsamer gewalt vnd on ainich weiter versamblung oder hinder sich pringen beyeinander beleiben. Dergleichen soll gemelter cardinal sein khriegsvolckh auch abziehen lassen vnd allain sein hofgesindt bey sich erhalten. Es sollen auch alle vnd yede stet, schlösser, märckht, fleckhen, perckhwerch vnd ämbter, wie oder durch wen oder von wem die in diser empörung entwördt oder eingenomen sein worden, nichts ausgenomen, sambt aller varendten hab, es sey geldt, traidt, salz oder anders, wie das namen haben mag, davon sy auch gar nichts entwenden sollen noch mögen, so vil gedachtem vnsern herrn vnd freundt als regierendten fürsten, auch seiner lieb capitl, prälatn, vom adl, hofgesindt vnd allen andern, die seiner lieb zuuersprechen fern zuegehörig sein vnd die sein lieb vnd die iren vor diser aufruer inngehabt haben, souil der bey der landtschafft oder sondern personen geleublich angezaigt werden mögen vnd souil des noch vorhanden, zuuolziehung diser abrett jezt als pald seiner lieb vnd den obgemelten zuegehörigen oder iren beuelchhabern vnerwiest vnd on allen abgang wider ein vnd vbergeantwort, zuegestellt vnd von bemelten vnderthanen vnd andern jetzt strackhs abgetretten werden, vnd dazu all vnd jede seiner lieb rät, hofgesindt, diener, auch all ir vnd des stiffts gehorsam landleut, so von derselben nit abgefallen, sy seyen von capitl, prälaten, adl oder anders standts, desgleichen all pfleger vnd ambtleut vnd all die seiner lieb zuuersprechen zuesteen, sy sein bey seiner lieb im schloss oder ausserhalb, gaistlich vnd weltlich, nyemandts ausgenomen, frei, sicher, on alle entgeltnuss zu iren gotshaüsern, schlössern, ämbtern vnd heuslichen wonungen in vnd ausserhalb der stat Salzburg vnd an allen andern orten khumen vnd bey seiner lieb vnd derselben iren ämbtern, heuslichen wohnungen mit iren hab vnd guetern irer gelegenheit vnd notturfft nach beleiben vnd ganz fridlich, wieuor dieser aufruer, handln vnd wandln, auch ir hab vnd gueter, souil der verhanden vnd angezaigt werden mögen, vnuerirt volgen lassen, auch all die jenigen, so von ir, der landtschafft, oder ander seiner lieb zuegewanten in fänknuss oder verwarung gebracht, angenomen oder verstrickht, gar niemants ausgenomen, on alle entgeltung müessigen vnd dieselben ires gelübts, aidpflicht, verschreibung vnd all verhafft ledig zellen. Es soll auch aller vnlust vnd widerwill zwischen bemelten vnderthanen, so jezt dem cardinal widerwertig, vnd denen, so ime anhengig beleiben, es seyen landtleut, diener oder jemandt ander seiner lieb verwandten, hiemit auch ganz aufgehebt, hingelegt, ab und tod sein vnd kainer in ainicherlay weg ichts, so sich in dieser handlung zuetragen oder begeben vnd ainer wider den andern mit wortten vnd werchen gehandlt, wie das genannt werden mag, gegen dem andern ausser rechtens weder äffern noch anten. Darauf hat derselb vnser herr vnd freundt, der cardinal, zuegesagt vnd versprochen gegen beruerten landtleuten vnd vnderthanen, so seiner lieb hierin vngehorsam vnd widerwärttig gewesen oder sonderlich des aufstandts vnd der darunter verloffen handlung halben khain vngenadt zutragen, noch sy vber gedachte vnser retter vnd brueder vnser vnd der stende des bundts begnadung vnd vnderhandlung darumb zestraffen. Nachdem aber dieselbigen vnderthanen anjezt gedachts erzbischofs von Salzburg regierung beschwärdt ze sein vermainen vnd neben dem etlich ander beschwärden wider sein lieb fürzebringen vorhabn, dergleichen dieselb sein lieb gegen inen auch etlich clag vnd beschwärdten, so sich vor vnd in diser handlung zuetragen, dardurch sein lieb an iren eren, güetern vnd fürstlichen regalien, obrigkhaiten vnd hohaiten von inen geschmecht, angelassen vnd belaidigt ze sein fürzepringen vermaint, hat sich sein lieb aller solcher beschwärden, auch ander sachen vnd gebrechen halben, so sein lieb gegen inen vnd sy herwiderumb gegen seiner lieb haben, wie sich die bisher begeben vnd in diser handlung vnuertragen, vnausgenomen, vnuerörttert sein, nicht dar von ausgenomen, wie vnd welchermassen auch hinfüran durch sein lieb in irem namen vnd von irentwegen der stifft ordenlich vnd wol regiert, auch allenthalben darin fridt, recht vnd gehorsam erhalten werden soll, vnd deshalben ordnung fürzenemen auf mer gedacht stendt des bundts, vnsern vettern, bruedern vnd vns zuuerhör vnd erkhanntnus erpoten, doch seiner lieb vnd irem schloss Salzburg auch allen andern iren schlössern, camergüetern, pflegern, ämbtern, gaistlichen vnd weltlichen lehen hinfüran, wie bisher vnd wie es an sein lieb khomen ist, frey ze handln, vnbenomen. Vnd auf solichs sollen vnd mügen die stendt des pundts, vnser vetter, brüeder vnd wie sein lieb vnd beruertem irem gegentail notdürfftigelich verhören vnd was dieselben vnd wir nach verhörung der sachen samentlich oder der mehrertail sprächen vnd erkhennen, doch das solichs mit der gemainen versamblung oder bundtsständt vnd vnser yezt gemelten fürsten willen vnd aussprechn bescheche, dabey soll es entlich vnd on all verrer wayerung beleiben. Aber gemelten landtleuten vnd vnderthanen soll durch solich guetlich vnd rechtlich erkhantnus khain straff an iren ern, leib vnd guetern auferlegt werden, welichs seine lieb bewilligen vnd erpieten, die obgemelten seiner lieb gegenthail auch dermassen angenomen vnd wie sein lieb entlich bewilliget. Nichts minder soll sein lieb dergleichen auch die vnderthanen etlich aus inen eruordern vnd ordnen, die in etlicher, so durch vns darzue verordnet werden sollen, gegenwürtigkhait von den beschwärungen guetlich vnd vertreulich reden, ob dieselben durch beder thail verordneten, auch der vnsern vnderhandlung, on verrer aufzug oder erkhanntnus möchten erlediget vnd abgethan werden. Vnd was also durch die vergleicht wirdet, dabey soll es peleiben. Was aber vnuertragen darunder vberpleibt, das soll zu obgemeltem austrag vnd erkhantnus khomen vnd durch dieselbigen erledigt werden. Damit aber die vnderthanen wissen entpfachen mögen, welchermassen durch den erzbischoff vnd seiner lieb rät in irem namen regiert werdt, hat sein lieb auf vnsern ankherten vleis zuegelassen, das seiner lieb von allen stendten gemainer landtschafft vngeuerlich neyn oder zehen frumb, erber, verständig vnd ansehnlich männer angezaigt, aus denselben sollen nach vnsern rat drey genomen werden, die will sein lieb neben iren räten in seiner lieb rat sein vnd beleiben lassen, bis die ordnung der khunfftigen seiner lieb regierung, wie obsteet, erlediget wirdet. Darauf sollen sich die landtsässen vnd vnderthanen gegen seiner lieb mit aller gebürlicher gehorsam vnderthänigelich halten, sein lieb auch andern iren gebürlichen vnd gewöndlich rändt, zins, gülten vnd ander dienst raichen, dienen vnd laisten, wie vor disen aufstandt beschechen, auch sein lieb herwiderumb gnedigelich beweysen, alles on geuerde. Verrer als vnser herr vnd freundt der cardinal das bundische vnd ander khriegsuolkh mit ainem merkhlichen costen bisher vnderhalten vnd dasselb bezallen mues, wellen anders sein lieb des stiffts verderben vnd schaden fürkhomen vnd verhuetten, demnach sollen die landtschafft zu abfertigung des khriegsvolckh von stund an vnd also par bezallen 10000 guldein in müns oder aber den vesten ritter, vnsern besonder lieben Georgen von Freundtsperg zu Mündlheimb, vmb so vil gelts auf sein bemüegen vnd bewilligung genuegsamblich versichern vnd zufriden stellen. Vnd vmb den vbrigen khriegs costen sollen bey der pundts stendt vnser veter, bruedern vnd vnser bekhantnus besteen also, was der orten guetlich oder rechtlich erkhannt wirdet, solle von beden theilen vngewaigert angenomen vnd vollzogen werden. Vnd als der brobst zu Perchtesgaden durch die Salzburgischen landtschafft geplündert, seine vnderthanen in die Salzburgischen empörung gezogen, soll er mit denselben mit gebung in gnad vnd vngnad, erlassung der pundtnus, zuestellung des closters ein antwort aus aller gueter vnd allenthalben, wie es zwischen dem cardinal vnd seiner lieb landtschafft gehalten, volzogen vnd erkhennt werden. Nach dem allem ist berett, nachdem mehr gedachts vnsers lieben vettern diener vnd verwanten zu Schlemingen nidergelegen vnd an der Salzburgischen landtschafft venkhnus vnd verwarung khommen sein, sollen dieselben gefangen all, edl vnd vnedl, so vil der vorhanden, auf ain alte vrfedt mit sambt allem geschütz frey on entgelt ledig lassen vnd von stund an alher gestelt werden, vnd sollen darauf die pundts stendt mit sambt vnserm freundtlichen lieben bruedern, herzog Wilhalmb, vnd vns der Salzburgischen landtschafft zu genaden vnd guetem an vorgemeltem vnserm lieben vetern, dergleichen an die landtschafften in Steyr, Kärnthen vnd Crain mit freundlichem vnd pesten ermanen fürbet mittaillen, das sein lieb gegen der landtschafft der gemelten niderleg vnd vänkhnus halben khain vngnadt tragen vnd sy darumb vnangesprochen auch in seiner lieb erblanden, wie vor alter, vnaufgehalten handlen vnd wandln lassen, auch ir, der landtschafft, gueter, souil der sachen halbn in verpot oder arrest khomen, widerumb bemüessigen vnd ledig schaffen. Damit aber alles vnd jedes, das die thaill mit irem vorwissen vnd bewilligung durch vnser vnderthanen vermaint vnd vertragen sein, dest bständiger beleib, auch stattlich gehalten vnd vollzogen, auch menigelich dises vertrags halben gesichert vnd khonfftig aufruer, aufstendt vnd dergleichen vngehorsam ob vnsers herrn vnd freundts, des cardinals, vnd der seinen vnd menigelichs ander gefähr leibs vnd guets verhüet werden, solten wir mit vorwissen vnd bewilligung gedachts cardinals zuuor vnd ehe wir vnd obangezaigter ausschuss von einander scheiden, deshalb vnd darauf nottürftig ordnung vnd mas geben vnd fürsehung thuen, dem dann der cardinal vnd all sein landtschafft vnd landtsassen vnd vnderthanen genzlich vnd on all waigerung geloben. Es sollen auch vnser vetter, brueder vnd wir sambt den pundtsstendten ob disem vertrag, abret vnd vergleichung, auch was noch vermög derselben hinfiran der jezt vnerledigten articl halben gesprochen vnd erkhennt wirdet, dergleichen ab jezt gemelter ordnung der sicherhait halben mit ernst halten, khainen taill dawider beschwärn lassen, sonder yeden dabey schüzen, schirmen vnd handhaben, vnd welcher taill solhs verbrech, dem andern haltenden taill darin vnd darzu hilf vnd beystandt beweysen vnd darnach beschechnen spruch vnd erkhantnus ererdert worden, besteen dis vertrags brief aufzurichten, doch soll hierin der khayserlichen majestaet, dem heiligen reich, als des cardinals vnd ezbischofs vnd seines stiffts fürgesetzten obrigkheit, auch ime, dem cardinal, vnd seinen nachkhomen damit an iren hohheiten vnd regalien nichts benomen noch begeben sein, alles one geuerde. Des zu vrkhundt haben wir jedem thail ainen gleichlauttenden vertrags brief mit vnserm grossen anhangendem jnsigill vnd gewendlichem handtzaichen verferttigt vnd vberantwort vnd geben in vnserm veldleger vor Salzburg den letsten tag des monats augusti noch Cristi vnsers lieben herrn geburt im fünffzehenhundert vnd im fünff vnd zwainzigisten jare.

40 (48).
Missiv an den haufen entweder zu Salzburg oder zu Rastadt.
1525.

Vnser guetwillig dienst seyen euch alzeit mit genaigtem willen zuuor. Sonder lieber her haubtman vnd gebieter. Vns ist in disen tagen vilfeltig euer ermanung vnd schreiben von wegen hilf vnd volkh euch zuezeschickhen zuekhomen, die wir mit gepürlichem gehorsamb empfangen vnd ires inhalts ganz wol vernomen vnd vns auch darauf solhen eurem gebot vnd schreiben nachzeleben ganz willigelich beflissen vnd bemuet haben. Die weil wir aber mit grossen geferlichen sorgen vnser feindt halben, so sich enhalb des Tawern auf vns zuezeichen, zue rüsten beladen sein vnd mit teglicher huet vnd fürsehung vns vor denselben feindtn bewarn vnd verhüeten muessen, dardurch dann all ander fleckhen vnd teller vmb vns vmbligundt, so desthalber kainer sorg oder gefärlichaiten gewarten sein, auch bewart vnd versorgt seyen. Wir haben euch auch derhalben vormals geschriben vnd gehorsamlich gepetten, vns solhes zugs verrer angesehen die grossen gefärlichen, so vns von vnsern feindten vermaint zuegericht seyen, zu entmüessigen vnd loszulassen, vnd pitten hierauf nochmals dienstlich, wellet angezaigte vnsere merkhliche obligen vnd beschwerden günstlich beherzigen vnd erwegen vnd vns nit für vngehorsam in dem, das wir yezt nit ausziehen, achten vnd erkhennen, dann vns die obangezaigten vrsachen groslich darzu bewegten. Wo wir aber weiter von euch deshalben gebotsweis angesuecht oder angelangt werden, wellen wir vns weyter darinnen nit widern. Wir verhoffen vns aber guets genaigtes willen bey euch vnd wellen bey vns auch khain vleys ersparen, damit wir das ganz tal, auch wittib vnd waysn, beschirmen vnd beschüzen mügen.

41 (49).
Missiv und Danksagungsschreiben deren Gasteiner.
1525.

Vnser freundtlich guetwillig dienst zuuor. Sonder lieben freundt vnd nachpauern. Wir haben ewer schreiben empfangen vnd seines inhalts genueg wol vernomen, in welhem ir vns anzaigt, wie die fürstlich durchleuchtigkhait ein offen general hab ausgeen lassen, wo man der ainen aus dem stifft Salzburg mit leib oder guet betrette, dieselben fänkhlich anzenemen, das ir vns also trewer warnungsweiss anzaigt habt, des wir euch hochfleissigen dankh sagen mit erpietung solhs hinwiderumb auch dergleichen zubeschulden. Wir versehen vns auch nit anders zu euch, dann alle freundtlichen nachpaurschafft, inmas wir bisher gegeneinander gethan haben, vnd ermanen euch hierauf nochmals vnser aller zuesagung nach, wo ir weyter erfarn oder erfragen wurdet, das vns von etlichen durch den versamblten adl in Kärnthen vnd Steyr, durch ander ir mithelffer oder durch den fürsten selbs schaden zuegefiegt wolt werden, vns dasselb zeitlich vnd treulich zewissen fuegen, damit wir vns auch darnach zu ordnen vnd zuschickhen westen. Desgleichs vnd nit anders wellen wir vns gegen euch als freundt vnd brüeder nachperlich halten vnd zaigen vnd, was hierinnen weiter euer gemuet vnd fürnemen ist, das last vns schrifftlich auf das peldist bey disem vnserm poten wissen, dann wo wir euer warnung vnd trewes anzaigen, wie bisher, nit gehaben möchten, muessten wir vns in ander weg behelffen vnd vnser örter vnd grenizen, von denen vns schadt beschehen möcht, mit pesserer vnd sterkher macht besezen vnd inhalten, etc.

42 (50).
Missiv derer Gasteiner.
10. September 1525.

Wir gemainigelich die landtschafft vnd versamblung des tals vnd gerichts Gastein entpieten allen vnd yeden haubleuten vnd gemainden der merkht vnd gericht Täxnpach, Zell, Saluelden vnd allen andern derselben enden im Pinzgew inwohnern vnser freundtlich grues mit bruederlichem willen beuor, vnd thuen euch zuwissen, das vns anheut dato ain schreiben von dem ausschuss der landtschafft zu Salzburg khomen ist, daneben auch zwo copien, die eine in forma eines gewalts, den wir demselben ausschuss von wegen der huldigung vnd pflicht, so bemelter ausschuss dem cardinal von Salzburg an vnser stat vnd von vnsern wegen thuen vnd schweeren sollen, geben vnd aufrichten sollen, die ander von wegen der pündtnus vnd bruederschafft, dieselben incrafft desselben briefs aufzesagen vnd vns derselben bemuessigen. Die weil wir dann bisher kainen entlichen grundt desselben vertrags, wie vnd in was gestalt der begriffen, beschlossen vnd aufgericht sey, erfarn künnen noch mugen, zu dem auch nit wissen, wie vnd in was gestalt ir euch einlassen, bewilliget vnd zuegesagt habt, ist demnach an eur all sament vnd sonderlich vnser bruederlich beger vnd pit, das ir vns auf das füederlichist bey disem vnsern gesandten aller diser sachen, wie ir euch gegen denselben verschreibungen oder huldigung halten wellet, bericht vnd bruederlichen rat mittailt vnd gebet, damit wir in solhem gegen euch oder andern nicht vngleichen oder vmformlichs fürnemen vnd handln, sonder in allen handlungen als getreue nachpern, freundt vnd brüeder gleich miteinander besteen mögen. Das wellen wir in solhem vnd mehrerm gegen euch beschulden vnd willig sein. Geben in der Gastein etc.

43 (74).
10. September 1525.

Dem Inhalte nach gleichlautend[1]) mit der unmittelbar vorstehenden Nummer, doch mit Angabe des Datums und der Unterschrift: Geben in der Gastein vnder vnsers haubtmans Leonhardt Schwär petschadt, verfertigt am 10. tag des monats septembris anno domini funff und zwainzigisten.

Leonhardt Schwär, haubtman vnd wir
die ganz versamblt gemain vnd bruederschafft in der Gastein.

44 (54).
Gewaltsbrief des burgerlichen markts zu Hoff in der Gastein.
14. September 1525.

Wir bürgermaister vnd burger des markts zu Hoff in der Gastein auch gemainigelich die ganz versamblt landtschafft daselbs bekhennen

---

[1]) Mit gleichem Texte gingen noch Schreiben nach Rádstadt, St. Veit, St. Johanns, Bischofshof und Werfen.

für vns vnd vnser nachkhomen offenlich an dem brief vnd thuen khundt menigelich, das wir dem erbern Thoman Püdner vnd Thoman Vogler vnser volmächtig gwalt gegeben haben, geben inen den auch hiemit wissenlich in crafft ditz briefs, das sy von vnsern wegen vnd in vnserm namen von wegen der vierzehen tausent gulden, so man zu abfertigung herr Georgen von Freundtsperg haben soll, vnd ander schulden mit vnd bey denen, do sich sollichs zethuen gepurt, erscheinen von wegen angezeigter vnd änderer suma gelts, sambt dem ausschuss, so yezo zu Salzburg von wegen der ganzen landtschafft versamblt ist, handln vnd fürnemen, wie vnd was weg dieselben aufpracht vnd bezalt werden sollen, vnd gemainigelich als anders, waz die notdurfft nach vermag vnd inhalt des vertrags eruordern vnd gedachten vnsern gewalthaber fürkhomen wirdet, von vnsern wegen vnd in vnserm namen handln, thuen vnd lassen sollen. Vnd was darnach gedachte vnser gwalthaber in angezaigten vnd allen andern sachen inhalt des vertrags von vnsern wegen fürnemen, handln, thuen vnd lassen werden, geloben vnd versprechen wir für vns vnd all vnser nachkhumen als war, vest, stat vnd vntzerprochen zuhalten, inmas wir das selbs vnd vnser yeder in aigner person gethan vnd gehandlt hetn, getreulich vnd vngeuerlich. Des zu vrkhundt geben wir inen disen gwaltsbrief besigelten mit der fürsichtigen vnd weisen Martin Strasser vnd Cristoff Kirchpüchler, baid burger zu Hof in der Gastein, ire fürgedruckten insigeln, die das auf vnser vleissig pete hin fürgedruckt haben, doch ine, iren erben vnd sigeln on schaden. Geben an des heiligen creuz erhöhungtag anno domini fünffzehen hundert fünff vnd zwainzigisten.

45 (11).
Abschied erzbischoffens Matheusen Langs in betr. derer gemeinen beschwärden.
30. October 1525.

Zuwissen: Als gemainigelich die burgerschafft vnd vnderthanen des markhts zu Hof in der Gastein vnd in dem landtgericht daselbs ir beschwerungen vnd obligen vor des hochwirdigsten fürsten vnd herrn herrn Matheusen, der heiligen Römischen khirchen cardinal erzbischoffen zu Salzburg etc., auch gemainer Salzburgischen landtschafft verordneten räten vnd ausschus in gegenwärtigkhait der durchleuchtigen hochgebornen fürsten vnd herrn herrn Wilhalmb vnd Ludwigen, pfalzgrauen bey Rein, herzogen in Obern vnd Nidern Bairn etc. commissarien vnd rätten nach inhalt hochgedachts herzog Ludwig, als des pundts zu Schwaben obristen veldthaubtman, vertrag durch ir volmechtig gwalthaber Thoman Püdner, Thoman Vogler vnd Philipp Grabmer in zwayen schrifften, nemblich in der aynen von der burgerschafft vnd jnwonern des markts in sechs articln vnd in der andern von den burgern vnd landtschafft samentlich in zwelf articln fürbracht vnd darin wendung vnd gnedigs einsehen zuthuen begert haben, das alles souil diser zeit beschehen, mügen notdürfftigelich erwegen vnd demnach diser abschidt geben ist.

Erstlich sollen sy des, so auf gemainer landtschafft fürbracht articl yez fürgenomen ist oder khünfftig fürgenomen wirdet, auch fähig sein vnd demnach auf den ersten articl von wegen des markhts freyheiten, die sie begehrn zubestätten. Solches begern soll vnserm gnedigsten herrn fürderlich angezaigt, vngezweiflt sein fürstlich gnade werde deshalben gebürlich einsehung thuen vnd, wo in ainichem articl solcher irer freyhaitn zwischen ir vnd der vom landtgericht strittigkhait were, dauon soll auf khünfftigem landtag, so man von der landtsordnung handln wirdet, fürgenomen werden, sy deshalben zuuergleichen. Auf den andern, dritten vnd vierttn articl in gemelter burger beschwerungen von wegen der händl, so die gwerken treiben, auch anlaitten vnd vberdienst, desgleichen in der vom landtgericht beschwerungen auf den dritten, neunten, zehenten, aindlifften vnd zwelfften articl von wegen gros vnd klain zehent, vberdienst, anlait, nachraisen der stifft, drinkh, schreibgelt, sigl vnd brifgelt, dieweil obgemelt articl nit allain vnserm gnedigsten herrn von Salzburg, als landtsfürsten, sonder auch ander gruntherrn vnd landtsässen, die solhes betrifft, nit fueglicher erledigt werden mügen, vnd ist für guet vnd nuz angesehen worden, das auf dem landtag, so negst gehalten wirdet, der obangezaigten vnd anderer mer articl halben von ainer gueten fürtreglichen landtsordnung auch geratschlagt werden soll, dardurch ain richtiger gueter wege dem landtsfürstn, ambtleuten vnd vnderthanen angezaigt vnd gemacht werden, das sich ain jeder wisse darnach zuhalten vnd khünfftig irrung türkhumen beleiben. Vnd dieweil vnsers genedigsten herrn von Salzburg räte vermainen, das die vnderthanen ob des yezigen seiner fürstlichen gnaden hofmaister handlung khain beschwär tragen, auch solches durch vil vnderthanen angezaigt, wirdet er sich hinfiran noch dermassen halten.

Verrer auf den fünften articl in der burger beschwär, auch auf den ersten in der gerichtsleut beschwärungen, von wegen der briesterschafft beschwärlichen fürnemen der seelgerät, taufgelts, raichung der sacrament vnd andern, die weil in dem allem vnd jedem besonder durch den Regensburgischen abschidt vnd des päpstlichen legaten reformation, auch durch den recess des jüngst gehalten synodum hie zu Salzburg vnd in den sondern beuelchn an die pfarrer, vicarien, auch pflegern vnd ambtleutn ausgangen, erber, pillich vnd genuegsam versehung vnd wendung, sóuil vnserm genedigsten herrn zu thun gepürt vnd zuesteet, geschafft ist, insonderhait, das man niemandt kain sacrament noch cristenlich recht von gelts wegen verhalten noch die leut vber vnd wider altes herkhomen vnpillich beschwärn, auch den pann vmb liederlich sachen nit misprauchen solle, darin auch sein fürstlich genadt den vnderthanen zu guet weyter gangen ist, dann die nach ausweisung weiland herzog Ludwigs spruchbrief schuldig gewesen wäre, darob auch sein fürstlich genadt gern gehalten haben wolt, wo die durch den aufstand der vnderthanen bisher nit verhindert worden wäre, vnd hinfüran hierab zuhalten, auch solh beuelch, wie obsteet, widerumb zuuernemen, vorhatn, dabey soll es bis auf weiter ordnung des reichs vnd ains cristlichen concilium beleiben, daran dann gemainer landtschafft ausschus, die weil sy das in irn gemain beschwärdn auch fürgetragen, guet benüegen hat, der sich obgemelt vnderthanen auch halten vnd pillich daran benuegen lassen sollen.

Auf den sechstn articl in beden schrifften von wegen beschwärung der richter, auch der vnpillicher handlung, so sich der landtschreiber vnderstet, wirdet auch zimblich vnd gebürlich einsehung beschehen. So ist auch in vnsers genedigstn herrn neurlich aufgerichter haubtmanschafftordnung genuegsam versehen, das der haubtman, landtschreiber vnd richter kain sachen, so nit haubtmansfell sein, in die haubtmanschafft ziehen, nach der gestalt straffen, auch mit der zerung nit beschwären noch on rechtmässig judice vnd on rat peinlich fragen solle. Darob wirdet sein fürstlich gnad fürstlich lassen halten vnd dane wider niemandts zehandln noch die vnderthanen zebeschwärn gestatten.

Weitter in der landtgerichts leuten beschwärungen auf den andern, vierten vnd sibendten articl, von wegen des gerichts fuetter, so man ain landtrichter gebe, auch leibsteuer, landtschran vnd frontag ist fürgenomen, das sy die yeztgemelten articl in ain lauttern, sondern schrifft vnderschidlich stellen, die vnserm genedigsten herrn vberantwürttn vnd darauf nottürfftig vnd gebürlich einsehung verrer fürzunemen vnd zubestellen.

Auf den fünfften articl von wegen des holzgesuechs, auch des waldmaisters, des sich die vnderthanen beschwärn, ist vorhin durch vnsern genedigsten herrn ain waldordnung fürgenomen, darin erberlich fürgesehen ist, das ainem jeden sein hofsach vnd notturfft vergundt solle werden. Dieweil aber sich etlich beclagen, das sy der waldmaister in beschauw vnd anzaigung des holz mit merkhlicher zerung vnd costung beschwärn, das soll bey ime abgestellt vnd mas fürgenomen werden, damit ain' jeder seiner notturfft mit dem geringsten bekhomen müg.

Dann auf den achten articl von wegen des vngelts hat vnser genedigster herr das vngelt hieuor genedigelich begeben, wie in gemainer landtschafft abschidt begriffen ist.

Vnd als von vnsers gnedigisten herrn wegen auch fürbracht ist, das sich etlich vnderthanen dem vertrag widerwerttig erzaigen mit vorhaltung der gewöndlichen zinsen vnd zehendtn, auch das rotwild jagen vnd fellen, ir etlich nit stifftn wellen, darzue die vngehorsamen vnd aufruerigen muetwiller bey inen enthalten vnd der gerichts obrigkheit nit nottürfftigen beystandt thuen, sollen die gerichtsleut solches alles, souil sy berürt, bey inen in der gemain auch bey sondern personen mit guetem vleis abstellen vnd dieselben dorauf weisen, damit sich menigelich gehorsamb vnd dem vertrag gemäs halten vnd darwider nit thain. Als sich dann vnser genedigster herr zu in allen genzlich versicht vnd herentgegen auch gnedigelich thuen wirdet, dessen sich bemelte gewalthaber von ir aller wegen willig erpotten, auch disen abschid zu dankh angenomen vnd begert haben. Der ist inen also mit vnsers gnedigsten herren von Salzburg secrete verfertigt. Geben zu Salzburg am montag vor aller heiligen tag anno domini etc. im fünff vnd zwainzigisten jar.

46 (46).
Missiv an den obristen haubtman und gesambte landtschafft in Gastein.
1525.

Mein freundtlich grues vnd ganz willig dienst zuuor. Lieber herr haubtman. Jüngst verschiner zeit ist mein brueder Martin Zott aus etlichen trefflichen vrsachen, das perkhwerch am Stainfeld betr., doch mit wissen vnd willen ainer ganzen landtschafft vber den Taurn daselbs hin an das Stainfeldt verruckht, aus denen vrsachen, das im gleublich anzaigen komen sein, wie die fürstlich durchlaucht von Österreich vnser perkhwerch daselbs wie das vergangen jar im krieg einziehen welle, derhalben er sich daselbs hin, das perkhwerch zuerhalten vnd zu erretten, gezogen hat. Nun hat er mir entpotten vnd geschriben, er mög noch in ainer gueten zeit nit anhaym, dann, wo er nit daselbs am Stainfeld wer, möchten wir gar vmb das perkhwerch khumen, so er aber also dabey sey, welle ers noch also bis auf pessern beschaidt aushalten. Vnd die weil er dann also nit anheym mag, ist sein hausfraw, mein liebe schwester vnd schwägerin, aus freundtlicher vnd eerlicher lieb vnd treue bewegt, worden, bemelten iren gemahl vnd hauswirt haimzesuechen vnd gesundhait seines leibs zebesehen. So hat sy doch solhs on der landtschafft vnd euer, als obristen, wissen vnd zuegeben nit thuen wellen. Ist demnach mein sonder vleissig pit an euch, wellet mir günstiges vnd genaigtes willens sein vnd bemelter meiner schwägerin notdürfftig vnd gleublich passportn bey zaiger dits briefs, den ich derhalben abgefertigt, fürterlich zueschickhen, oder doch Wolfgangen Heügl, haubtman alhie, solhs an eur stat zethuen beuelchen vnd macht geben, wie euch gefellig sein wirdet. Darumben will ich auf euer guet gefallen erberlich mit euch abkhumen. Vnd was die weil vnd als lang mein brueder oder sein hausfraw aussein werden, mir von wegen meines bruedern in allen landts notdurfftigen sachen nach zimblichen vnd pillichen dingen aufgeladen wirdet, will ich mit ainer landtschafft alhie heben vnd legen, vnd dauon nit steen. So wirdet sich auch mein schwägerin in khurz wider anhaimb verfuegen. Versich mich auch, es werden die sachen mit dem perkhwerch am Stainfeld dieweil oder in khurzer zeit dermassen gestellt werden, das mein brueder auch herhaym ziehen werde. Darauf vertröst ich mich bey euch aller guetwilligkhait vnd meines gesandten fürderlichen vertigung. So will ich euch auch mit dem peldisten, so ich ainen furman zuwegen bring, mit ainem säm raifl, den ich schon darzue verordnet, aber mangl halben des furman also in eyl nit fertigen mögen, zu ainer schenkhung vnd eerung begabt haben, doch nit der maynung, euch da mit solher vnd ander guetwilligkhait belont ze haben, sonder allain freundtlichen willen damit erzaigen; wil das nochmals in ander vnd merere weg zubeschulden vnuergessen sein. Damit alzeit, was euch lieb vnd dienst ist. Datum etc.

E. W.   Jheronimus Zott etc.

47 (76).
Schreiben an die gesambte Gasteiner landtschafft.
1525.

Edl vesst fürnem weis günstig vnd gebietundt lieb herrn. Auf euer ersuechen vnd begern, so ir an mich meines bruedern Martin Zotten halben, seinen abschidt betreffent, gethan, auf welhs ich mich dann von wegen gedachtes meines brueders warhaftige gründtliche vrsachen vnd treffliche notdurfften solhes seines wekhraisen zum thail nach pester vermüglichait genuegsam mündtlich fürgetragen vnd angezaigt hab, so hab ich aber' zu merer vnd dapferer ansehlichait nit vnderlassen, sonder eur das inschrifft auch fürstellen vnd anzaigen wellen, vnd nemblich für das erst, so ist menigelich vnd ainer ersamen landtschafft alhie im tal Gastein frischer gedechtnus guet wissen, das bemelter mein brueder erstlich durch sein aigenmündtlich bekenntnus, dieweil er noch mit solhen geschäfften nit beladen gewesen ist, zu ainer ganzen landtschafft alhie mit pillicher darstreckhung seines vermugens gesetzt vnd in alwege mit zu streben guetwillig vnd ergeben hat, das ir auch hernach vnd nach seinem abschidt in allen eruorderungen, so mir gedachtes meines bruedern vnd von meinen wegen auferlegt worden sein, on alles verwidern gehorsamblich erzaigt vnd bewisen hab, das auch füran noch zu thuen vnd für meinen bruedern mit leib vnd guet zesteen willens bin. So ist auch mein brueder nit als ain flüchtiger mit heimblichen abschidt aus dem tall gezogen vnd verruckht, sonder, wie dann yederman wissent ist, mit wissen, willen vnd zuegeben ainer ganzen menig vnd landtschafft alhie, die ime dann redlich passporten vnd warhafftig vrkhunden seines hinschaidens gegeben haben. Fürnemblich ist das die vrsach, das die f. dt. von Österreich entlich des gemüets vnd willens gewen ist, das perkhwerch, so wir am Stainfeld haben, zu iren handen einczuziehen. Dieweil wir vns also in die pündtnussen ergeben vnd zuegesagt haben, als das damit bemelte f. dt. vergangnes jare in dem aufstandt oder krieg auch gethan vnd solhs perkhwerch eingezogen hat, das wir dann nochmals mit grosser rüstung, müe vnd darlegen kaum wider erobert haben. Aus solhem ist gedachter mein brueder bewegt vnd höchlich geursacht worden, der enden auf das Stainfeld zu dem perkhwerch zuraisen vnd zuziehen, damit er das noch bey vnsern handen on beschädigung vnd nachtail erhalten vnd beheben möcht. Hab auch der halben gar gen Ynnsprugg zu mer gemelter f. dt. regiment reitten muessen, aber daselbs anders nicht erlangt, dann welle er das perkhwerch zu seiner erspriessung behaben, so solle er das selbs persönlich verwesen, dabey pleiben vnd erhalten, das er mir dann zu mermaln geschriben vnd daneben angezaigt hat, wiewol er lieber anyezt anheym wer, so mög er doch aus vorbemelten vrsachen ab dem Stainfeldt nit verruckhen, sonder mues selbs persönlich bey dem perkhwerch beleiben. Laiders, es wurde nit erhalten. Aber mit dem peldisten, so er die sachen bemeltes perkhwerchs halben zu gueder rue pringen, damit ime das perkhwerch on nachtail bleibn mag, so welle er on verziehen anhaimb verruckhen vnd mir deshalb all sachen vnd händl, so sich yez in disen fällen verlauffen, mit ainer landtschafft zu heben vnd zu legen beuolhen, das ich dann bishero, was mir auf meinen ligendte stuckh vnd güeter neben der landtschafft betroffen hat, willigelich gelaist, bezalt vnd dargeben hab.

Vnd ist demnach mein sonder dienstlich vleissig pit vnd ersuechen an eue, wellet solh meines bruedern vnd vnser aller merkhlich obligen vnd notdurfft mit sonderm gunst erwegen vnd beherzigen vnd hiemit also solhe entschuldigung von mir vnd von seinen wegen im pesten annemen, beuorab die not, so ime zu solhem langen aussein dringen ist, ansehen. So will ich die weil vnd als lang vilgedachter mein brueder angezaigter not halben nit anhaimb sein mag, alles das thuen vnd erzaigen, das mir von wegen sein pillicher zimblicher weis aufgeladen wirdet, inmassen das ainem andern landtman oder landsässigen gebürt. Versich mich hierauf mit vngezweifltem trost, ir werdet mich vnd mein bruedern hierin mit guetem willen vnd gunst bedenkhen. Das will ich mit allem vleis vnd pester ver-

müglichait zuuerdienen geflissen. Will mich hiemit e. w. vnd gunst beuolhen haben.
E. w.
williger
Jheronimus Zott.

48 (38.)
Schreiben der bei dem bundestag zu Nördlingen versambelten abgeordneten.
16. Dezember 1525.

Allen vnd yeglichen churfürsten, fürsten, geistlichen vnd weltlichen, prälaten, grauen, freyen herren vom adl vnd stetten, so dem pundt zu Schwaben verwandt, vnd die, so demselben pundt mit zuegethan oder darinen begriffen sein, vnsern gnadigisten, gnedigen vnd lieben herren vnd freundten entpieten wir gemainer stendt gemelts pundts zu Schwaben botschaften, haubtleuten vnd rat, yezo auf dem pundtstag zu Nörlingen versamblet, vnser vnderthänig, willig vnd freundtlich dienst, wie sich dann gegen ainem yeden standt zuthun gepürt, zuuor vnd füegen euch zuwissen, das vns gleublich anlangt, zu dem das wir zum thail guet bericht vnd wissen haben, das die, so anfanger, redlinfüerer vnd aufwigler in der vergangen der vnderthanen vnpillichen aufrüerischen empörung gewest, von solher hochsträfflichen pösem mishandlung halben abgetretten sein, in euer obern vnd herrlichaiten, in stetten vnd fleckhen enthalten vnd vndergeschleufft werden, vnd dieweil nun solhes des heiligen Römischen reichs aufgerichten ordnungen vnd desselben landsfriden, auch gemainer pundtsainigung ganz zuwider vnd entgegen vnd vns das also zugestatten vnd zuezusehen nit gemaint, sich auch kains andern zuuermueten, wo sy irem verdienen nach nit gestrafft oder zum wenigsten des landts verwisen vnd verjagt, das sy nit ruebig sein, sonder ain neun aufruer erweckhen werden. So ist demnach zu ablainung vnd verhuetung desselben vnd damit solh ausgetretten aufwigler ir geburlich straff erlangen vnd sich fürtter anderer dergleichen pösen, vnerbern sachen vnd handlungen enthalten, an ain yede obrigkhait dem pundtverwandt vnser höchst ersuechen, vnd an die, so dem bundt mit zuegethan sein, höchst pitt, wie das seinem standt vnd wesen nach beschehen soll, das ain yede obrigkhait für sich selbs vnd bey derselben ambtleut zuegehörigen vnd verwandte mit ernst verfuegen vnd verordnen welle, das die obangezaigten ausgetretten aufwigler vnd straffpar personen, so die erfaren oder inen angezaigt, sämtliche angenomen, peinlich gefragt vnd irem verdienen nach gegen inen gehandlt oder sy zum wenigsten nit enthalten, sonder (wie vorstent) des lands vertriben vnd verjagen werden. Daran wellen wir vns gewislich vnd vngezweiflt verlassen vnd darzu solhs zusambt der pilligkhait vmb ain yeden, wie sich das seinem standt nach gebürt, vnderthänig, willig vnd freundtlich verdienen. Dann wo das nit beschechen vnd ainichen pundtsstandt oder desselben verwanten ainicher nachtail oder beschedigung von denselben ausgetretten aufwigler entsteen, so wurden wir nit vnderlassen, vns desselben an denen obrigkhaiten, die sy also gedult, enthalten vnd vndergeschleufft hetten, zuerholen. Darnach wiss sich ain yeder zurichten. Geben vnd mit vnser dreyer gemainer haubtleut hie fürgedruckhten petschiern besiegelt auf den sechzehenden tag decembris anno im fünf vnd zwainzigisten.

49 (41).
Der landtschafft des talls zu Gastein aufgang vnd ausgeben in kriegsnot vnd zwitracht des 1525. jar verloffen.

L. ß. dl.

Erstlichen ist ausgeben vnd bezalt worden auf ain erichtag nach trinitatis zu Salzburg, das Asum Weitmoser, als der zeit haubtman, laut seiner register empfangen hat; thuet in einer summa:
L. 737 ß. — dl. —
Auf die hundert vnd zehen knecht, so man auf das Hällen hienach geschickht, auf bemeltes Asum (Erasmus) Weitmoser begern ainem geben 1 L. thuet: L. 110 ß. — dl. —
Mehr ist durch Leonhardten Schwär als derzeit haubtman am suntag nach corporis Christi ausgeben worden auf sechs vnd dreissig knecht, so man in das Lungaw zu hilf geschickht hat, ainem geben 1 L. und dem fuerer 2 fl. thuet zusammen: L. 37 ß. — dl. —
Mehr ist ausgeben vnd bezallt worden auf zway hundert knecht, so man gen Rastat geschickht hat am montag vor Petri vnd Pauli ainem gerait vnd geben 8 florin, thuet mit den toplsöldnern in ainer summarum L. 1761 ß. — dl. —
Auf die obgemelten zwayhundert knecht hat die landtschafft zu Gastein an prot auf Rastat geschickht vierhundert vier vnd zwainzig laib

5a

ain pr. zehen pfenning thuet siebenzehen pfundt fünff schilling zehen
pfenning. Item für plahen, dorauf zu deckhen, zalt fünf pfundt vier
vnd zwainzig pfenning. Mer dem Jorg Poitichamer samer auf die
fuer bezalt fünff pfundt, das thuet als in ainer summarum
L. 27 ß. 6 dl. 4
Am freytag nach Vdalrici ausgeschickht auf Salzburg durch Martin
Strasser vnd Michel Pramegkher vnd Hansen Tusing 205 florin R.
Eodem von Virgilio Fröschlmoser von wegen Martin Zotten empfangen
vnd dargeben 120 florin. R., auch von Martin Strasser daselbs empfangen 61 florin. R., das alles Erasm Weitmoser auf besoldung der
knecht empfangen laut seiner register, thuet in ainer summarum
L. 466 ß. — dl. —
Ausgeben auf fünff vnd zwainzig knecht, die man auf Salzburg geschickht hat am pfinztag nach Alexi, durch Rupprecht Scheiblprannter
gefuert, ainem geben 1 L. thuet L. 26 ß. — dl. —
Ausgeben auf 50 knecht, die man gen Rastat geschickht hat, am
suntag nach Petri vnd Pauli, ainem geben 1 L.¹), dem fuerer 2 L.
thuet: L. 51 ß. — dl. —
Ausgeben durch Martin Zotten, als er haubtman gewest, auf täglichs
sckickhen, post vnd anders laut seiner register von anfang des auf-
stands bis auf suntag nach corporis Christi thuet L. 276 ß. 6 dl. 2
Die gemain ausgab auf post vnd ander anligende sachen, so zwischen
der zeit bis auf Petri stuelfeyer durch Leonhardten Schwär, derselben zeit haubtman, ausgeben ist worden, thuet L. 351 ß. 4 dl. 28
Ausgeben vnd auf Salzburg geschickht durch Hainrich Kirchhauser
am 25. tag julii den knechten ainen halben monatsolt zubezalen
thut: L. 336 ß. — dl. —
Geben vnd geschickht dem Asm Weitmoser, haubtman, durch Wolfgangen Schwär und Marx Neufang, die knecht auf ainen ganzen
monat solt zubezalen vnd beschchen am 18. tag augusti thuet in
summa: L. 544 ß. — dl. —
Zu vnser frawen himelfarttag zu zwayen maln auf anhalten Michel
Gruebers, veldthaubtman, geschickht 100 knecht, der fuerer gewesen
Hans Vnpild vnd Andre Prantstetter, ainem geben 2 florin thuet
L. 200 ß. — dl. —

---

¹) An dieser Stelle befindet sich folgende Notiz; „1 h. dl. heist sovil als ein pfund pfening, also lauten hier alle original notationes.'

Ausgeben vnd gar bezalt auf den halbn monat sold zum lessten mit sambt dem abzug auf toplsöldner vnd ander thuet L. 510 fl. — dl. —
Auf die clausen in Holzegkh vnd auf die erst am Tawern bezalt thuet: L. 25 ß. — dl. —
Bezallt vnd ausgeben auf ain wochen sold auf 60 knecht, die man an den Tauern vnd in das Nasfeldt vergangen Bartholomei in huet gelegt, ainem geben 1 L. facit 60 florin. Mer 30 knecht auf ain wochen hernach an dem Tauern gehabt, ainem geben 1 L. thuet als
L. 90 ß. — dl. —
Dem Martin Zotten, Cristoffen Kirchpichler vnd Leonharden Schwär als haubtleut legt die landtschafft für ir müe ein L. 40 ß. — dl. —
Dem Michael Gruber obristen veldhaubtman legt die landtschafft ein laut ainer bekhanntnuss, thuet L. 24 ß. — dl. —
Ausgeben vnd bezalt auf die klam zupessern vnd mit mehrerm versichern thuet L. 20 ß. 3 dl. 15
Dem Hans Lechner gerichtschreiber legt die landtschafft ein zubezalen für sein müe L. 30 ß. 4 dl. —
Dem Georg Gräsl als gegenschreiber auf der fron legt die landtschafft ein für seinen sold L. 36 ß. 6 dl. 24
Dem Lienhardt Teyerl gerichtspoten aus baide gericht legt man ein L. 20 ß. — dl. —
Den ambtlern vnd spilleutten auch fendrichen L. 20 ß. 2 dl. 12
Auf gemaine ausgab, so sich von Petri stuelfeyr bis auf montag Dionisi vergangen zuetragen vnd durch Lienhardten Schwär laut seiner register ausgeben worden, thuet L. 267 ß. 3 dl. 16
Summa summarum diser voranzaigter ansgab durch die landtschafft zu Gastein ausgeben vnd von posten zu posten nach lengs geschriben thuet sechstausend ain florin Reinisch, fünf schilling, eulf pfenning, id est 6001 florin Reinisch ß. 5 dl. 11.

50 (85).
Forderung des erzherzogs zu Österreich wegen der erlittenen schaden halben.
11. Januar 1526.

Abgeschrifft fürstlich durchleuchtigkhait begern mit sambt den vom adl abtrags halben der niderlag zu Schlämming beschehen etc. actum aindliften januarii fünffzehen hundert sechs vnd zwainzigisten jare.

Der fürst begert für sein abtrag hundert tausent gulden in jarsfrist 100000 fl.

Zum andern: all haubtleut vnd rädlfuerer, so bey der that zu Schläming gewesen vnd darzu geratten haben, seiner dt. zu vberantwurten.

Zum dritten: das geschüz widerumb gen Gräz zu antwurten.

Zum viertn: das von allen stendtn der landtschafft vnd yedem besonder etlich ansehnlich personen in gueter anzall verordnet werden, die sich an seiner dt. hof verfuegen vnd sein dt. vmb gnadt pitten.

Zum fünfften: den edln vnd andern, so zu Schläming nidergelegt, ire schäden abzutragen vnd abzelegen.

Zum sechsten: wil sich sein dt. die ansprach, so der entleibtn vnd enthaubten freundt zu der landtschafft sezen möchten, nit beladen, noch dieselben ansprach verthädingt haben.

Zum sibenden: soll man geben den landen für ir erlitten costen vnd schaden nemblich:

Österreich vnder der Ens	8200 fl.
Österreich ob der Ens	10000 „
Steyr	100000 „
Kärnten	12000 „
Crain	5000 „
Görz	500 „
Obiges für den erzherzog	100000 „
Summa	235700 fl.

Zu dem allem solle vnser gnediger herr sy halten vnd verhelffen vnd, wo das nit bescháche, muessen sein fürstl. dt. vnd die landt gedenkhen, wie sy der pillichait bekhomen.

Item begert zu wissen, ob jemandt von der landtschafft mit voller gwalt diser sachen halben zu handln vnd zu tädingen hie sey oder ob vnser gnädigster herr sich des beladen wer. Sonst wär es ein vergebne handlung.

Fürstlicher durchleuchtigkhait rätte: Herrn Wilhalmb Trugsäs, herr Lieonhardt von Harrach, herr Geörg von Herberstain.

Von erblanden: Herr Hanns Geyman, hochmaister sant Jörgen ordens, Wolffgang Mayer, N. Hollnegkher, Traamus von Awersperg.

Salzburgisch rat: Thumb-techant, canzler, marschalch. Herr Hanns von der Álbenn.

51 (79).
Gwaltbrief — (wahrscheinlich) des landtgerichts in der Gastein.
1526 (vor dem 25. Januar).

Wir gemainigelich die gerichtsleut des landtgerichts zu N. bekhennen vnuerschaidenlich für vns vnd vnser nachkhomen an disem offen brief, das wir ain ganz gemain des gemelten landtgerichts zu N. vnsern volmächtigen gewalt geben haben, geben den auch hiemit in crafft dises briefs N. vnd N. vnsern mituerwanten vnd angesessen nachpaurn an vnser stat vnd von vnserntwegen auf den landtag, so der hochwürdigist fürst etc. jezt auf an erichtag nach sant Pauls bekehrung tag (25. Januar) gen Salzburg beschriben hat, zu erscheinen vnd von vnser aller wegen in der warhait anzuzaigen vnd zuezesagen, das wir all vnd vnser yeder insonderheit dem vertrag, so vnser herr herzog Ludwig etc. zwischen gemelts vnsers genedigsten herrn cardinals etc. vnd gemainer Salzburgischen landtschafft jungst aufgericht hat, in allen articln vnd puncten treulich geleben vnd fürter dem benanten vnserm rechtn landtsfürsten gebürliche gehorsam laistn, auch daneben die vngehorsamen widerumben zu schuldiger gehorsam vnd straff zepringen vnd handt haben verhelffen, auch vns alles das, so zu fridt, ainigkheit vnd rue dienstlich ist, befleissen vnd zu jederzeit gehorsamlich verhelffen wellen, das sy auch an vnser stat vnd in vnserm namen in alles das, so mitsambt vnserm genedigisten herrn etc. oder seiner f. g. commissarien vnd räte durch gemeiner landtschafft auf disem landtag fürgenomen wirdet, an hinder sich pringen, willigen vnd allem demselben nachzekhomen von vnsern wegen angeloben vnd zuesagen sollen vnd mugen. Desgleichs sollen vnd mögen sy von vnserntwegen vnser vnd vnser yedes mengl vnd beschwärungen vor ihnen, die darzue verordnet werden, nach laut bestimbts vertrags fürbringen, dieselben zuewenden oder zeringern begern, darinnen thädingen vnd an vnser aller, auch vnser yedes stat darüber entscheidt annemen. Vnd was also die benannten vnser gewalthaber von vnser vnd iren wegen auf disem landtag gerett vnd zuesagen werden, das wellen wir alles yezt vnd hinfüran bey vnsern trewen vnd aiden, auch bey verpindung aller vnd yeder vnser gueter, ligunder vnd varunder, war, stet, vest, vngewaigert vnd vnzerprochen halten, dawider nit thuen in khain weise, treulich on geuerde. Vnd das zu vrkhunde geben wir obbestimbtn vnsern gwalthabern disen

brief mit des N. hinfürgedruckhten insigl verfertigt, den wir mit vleis
gepeten haben, doch ime, sein erben vnd insigl on schaden. Zeugen
der pet vmb dasselb insigl seind die erbern N. N. etc.

52 (45).
Missiv vom landt- vnd berggericht in der Gastein.
1526 (Frühjahr).

Wir landt- vnd perkhrichter, auch gemainigelich die ganz landtschafft vnd burger des markhts zu Hof vnd des ganzen talls in der
Gastein emtpieten ew richter, burgern, gemainden vnd der ganzen
landschafft des markhts vnd gerichts Zell im Pinzgaw vnser freundtlich grues vnd guetwillig dienst beuor. Als ir vns khurz uerschiner
täg vnsern aigen gesandten ain schreiben gethan vnd zuegeschickht,
darin ir vns anzaigt vnd verkhundet, wie etlich fremt ledig knecht,
so sich vergangen winter daselbs im Pinzgew bey euch vnd andern
aufgehalten haben, rüsten, rottiern vnd versambln, villeicht des willens,
mit geweltigem zug aus dem landt vnd zuruckhen, auch wie ir euch
sambt andern gerichten zu inen verfuegen vnd aigentlich vernemen
vnd erfarn wellet, was guets oder willens dieselben knecht seyen,
sambt mehrerm desselben euerm schreibens inhalt, daraus wir vns
samentlich vnderredt vnd beratschlagt vnd genzlich des fürnemens
vnd willens, wo euch in solhem vnd andern hilf vnd beystandt not
sein wurden, wolten wir euch dieselb freundtlich vnd nachperlich
mittaillen, damit wir die gehorsam vnsern genädigsten herrn von Salzburg dest statlicher zaigen vnd halten, auch dest friedlicher bey gueter
rue, fridt vnd ainigkhait bleiben vnd besteen mögen. Demnach
schickhen vnd ordnen wir vnsern aignen gesandten vnd poten zu
euch mit freundtlichen vnd nachperlichen begern vnd pitten, das ir
vns nit verhindert vnd durch denselben vnsern gesandten wissent
machet, ob die gedachten knecht noch in versamblung beyeinander
ligen, auch was gemuets oder fürnemens sy seien oder was ir bey
inen in besprachung erfarn oder erkhundigt habet, damit wir vns
auch dester ordenlicher euch mit hilf vnd anderm, wo not wurde,
darein schickhen möchten. Wellet derhalben vnsern gesandten mit
dem vnd anderm in euer fürdrung beuolhen haben; das wellen wir
in dem vnd dergleichen anderm zuuerdienen willig sein. Vrkhund

dis briefs mit vnserm paider landt- vnd perkhrichter petschadten verfertigt vnd geben etc.

53 (73).
Sendschreiben von der obrigkhait aus der Gastein.
1526 (Frühjahr.)

Hochwürdigster genedigster fürst vnd herr. Mein gehorsam verpflicht dienst seye e. f. g. in aller vnderthänigkhait zuuor berait. Ich thue e. f. g. vnderthenigelich zuuernemen, das mir an gestern vngeuärlich vmb mittag ain schreiben von den gerichtsleuten des markhts vnd gerichts Zell im Pinzgeue, an die landtschafft, auch all verwandten des perkhwerchs lautundt, ausgangen zuekhomen ist, darinnen sy schreiben, wie sich bey 300 frembter kriegsknecht in dem Pinzgaue daselbs allenthalben enthalten haben vnd sich nun zusamen gerottiert, villeicht der maynung vnd willens, mit gewalt aus dem landt zu ruckhen, das dann der landtschafft nit zu clainen schaden raichen wurde. Derhalben dieselben gerichtsleut sambt andern gericht als nemblich am freytag vergangen mit inen rat vnd handlung gehalten vnd dazumal souil mit inen gehandlt vnd geredt, das sy sich zertailt vnd von einander than haben vnd des willens gewesen, on sondere rottierung aus dem landt zu ziehen. Als sy aber in solhem abzug gewesen, ist ain vergebne vnrichtige vnd vnwarhafftige post vnder sy khomen, dermassen, sy sollen nit verruckhen noch aus dem landt ziehen, die landtschafft vnd perkhwerch der teller Gastein vnd Rauris welle sy noch also aufhalten, das aber durch bemelte landtschafft vnd perkhwerch nit beschehen ist, sonder solhe post allain etwo durch vergeben aufruerig leut, so nit gern bey frid beleiben, ausgericht worden. Aus solhem haben sich angezaigte kriegsknecht widerumb aufs maist, so noch vorhanden gewesen sein, versamblt, derhalben die gedachten gerichtsleut zu Zell den gerichtvnderthanen meiner vnd des landtrichters verwesung, auch vns paiden sambt inen angezaigt vnd hilf begert, das man inen mit 200 knechten zu hilf khomen solte, wo sy die kriegsknecht ye vndersteen wolten, mit gwalt aus dem landt zuruckhen vnd der landtschafft zuhanden zuefuegen, das man sich ja mit gwalt erwörn möchte, das ich aber nit zuegeben, sonder vor solh e. f. g. anzaigen vnd bericht geben wellen. Was dann hierauf e. f. g. genedigs gefallen vnd maynung sein will, mögen e. f. g. verschaffen vnd verordnen, will ich alzeit vnderthäniges fleis volziehen vnd verpringen. Versich mich, die vnderthanen baider des landt- vnd perkhgerichts werden sich in solhem. vnd was zu erhaltung für deres recht vnd errettung gemaines landts not dienstlich ist, gehorsamblich halten, damit man dester ruebiger bey frid vnd ainigkhait bleiben möge, als sy sich dann erzaigt haben vnd genaigt vnd guetwillig gewesen, die pösen vnd muetwilligen zuuertreiben vnd auszurotten.

Es wär auch vonnötten, das e. f. g. ain centen puluer alher verordten hette, damit man versehen wär, dermassen ein not auskäm. In dem allen wissen e. f. g. die pillichait vnd das nuzlichist zu uerschaffen.

Genedigster herr! so will ich auch e. f. g. vnderthenigelich anzaigt haben, das ich sambt dem landtrichter alhie widerumb den gerichtsleuten von Zell geschriben haben, das sy füran dergleichen solhe oder andere posten, sy seyen dann mit vnsern sigilln oder petschafften verferticht, kheinen glauben geben sollen, auch mit denselben, so solhe posten pringen, nach notturft ernstlich handln vnd dieselben irer verprechung nach straffen. Thue mich hierauf e. f. g. beuelhen. Datum Gastein etc.

54 (86).
Entschuldigungsschreiben deren Salzburgischen gebürgbauern an den erzherzog von Oesterreich.
1526.

Durchleichtigister grosmechtiger fürst, gnädigister herr etc.

Wir, die gesandten vom ausschus der Salzburgischen landtschafft, piten e. f. dt., vnser anpringen genedigelich zuuernemen. Es ist gemelter landtschafft glaüblich fürkhomen, das e. f. dt. den fridt vnd vertrag zwischen vnserm genedigisten herren vnd landtsfürsten von Salzburg vnd derselben seiner fürstlichen genaden abgefallen von der landtschafft, im gleger vor Salzburg aufgericht, nach laut derselben vertrags zu radificiern sich pisher enthalten haben sole, aus vrsachen des vberfalls zu Schläming beschchen, vnd des stiffts Salzburg eingesessen den vergangen aufstandt in e. f. dt. erblandt ausgeprait haben söllen, derhalben e. f. dt. vnd villeicht auch derselben anstossendte erblande noch bisher khain abtrag, welche die nit nachzulassen gedenkhen, beschehen sein. Wo dem also sein solt, truege des ain landtschafft nit vnpillich herzlichen erschrockhen vnd betauren, das sy dermassen in e. f. dt. gemuet gepilde vnd doch an demjenigen, so inen villeicht zuegemessen wird, nit all schuld haben, sonder ir vill vnd ain gross taill den aufstandt vnd anders, so sich darine verloffen, vngern gesehen vnd wo es an irem vermugen gewesen, vill lieber verhuet hetten, der trostlichen verhoffung, so e. f. dt. herkhomens aller sachen irs tails grindlichen bericht, die werd daraus erfinden, das der landtschafft gemuet noch maynung nie gewesen sey, e. f. dt. vnd derselben landt vnd leuten je widerwertiges zuezefügen, sonder das sy solhe vill lieber gewendt heten vnd noch wenden welten irs höchisten vermügen, wie denn e. f. dt. auf dem nachfolgenden warhafftigen geschickhten genädigelich vnd clärlich zuuermerkhen haben, vnd erstlichen beträffendt den anfang des aufstandt, so sich laider nit allain noch zuuörderist im stifft Salzburg, sonder nahent in allen hochteutschen fürstenthumb vnd landt vor vnd ee dann in bemelten stifft erhalten, versehen wir vns, e. f. dt. wissen selbs nach iren höchen vernunfft zu ermessen, das solher aufstandt mer aus verhenkhnus gottes, zu straff der streitigen welt, welchs durch schnellen fürgang genomen hat, das kainem landt für das ander pillich schuld gegeben werden soll. Noch hat man allenthalben des gemain pöfel vnd leichtfertigen leid der oberhandt vnd erbarkhait zugleich widerstrebt etc.

55 (108).
Abschid was auf dem landtag nach conuersionstag Pauli[1]) zu Salzburg gehandlt vnd beschlossen ist.
11. März 1526.

Erstlich so hat der hochwirdigist fürst vnd herr herr Matheus, der heiligen Römischen kirchen cardinal erzbischouc zu Salzburg, legat des stuels zu Rome etc., vnser genedigister herr, auf disem landtag seiner fürstlichen gnaden landtschafft vnd den gesandten von den gerichten durch seiner fürstlichen verordent räte vnd commissarien gnediger maynung zu erkhennen geben lassen, wiewol sein fürstlich gnadt den vertrag zwischen ir vnd seiner fürstlichen gnaden der zeit abgefallen vnd widerwertigen vnderthanen, durch den durch-

---
[1]) Dieser Landtag war angeschrieben auf den erichtag nach convers. Pauli i. e. 30. Januar.

leuchtigen hochgebornen fürsten vnd herrn herrn Ludwigen, pfalzgrauen bey Rein, herzog in Obern- vnd Nydern-Bairn etc., als der stende des löblichen pundts zu Schwaben obristen veldthaubtman im veldtleger vor Salzburg aufgericht, seiner fürstlichen genaden landtschaft zu gnaden angenomen, alle vngnadt vnd straff solhes aufstandts halben vnd was sich darunder bis auf denselben vertrag verloffen hat, genedigelich nachgelassen habe des gnedigen willens, gedachtn vertrag zu halten, so seye doch derselb vertrag gegen seinen fürstlichen gnaden nit gehalten, sondern vilfeltigelich verprochen vnd dawider fräuenlich vnd thätlich gehandlt worden vnd geschehe noch täglich demselben vertrag zuwider, wie dann sein f. g. etwo vil geschichten deshalben anzaigen hat lassen, daraus nit allain sein f. g. vnd dem stifft verachtung vnd schaden, sonder auch new aufruern, frembd ansprechen, rach, straffen, sterben vnd verderben der frumen gehorsamen vnderthanen, die gern fridt vnd rue hetten, auch gemainer landtschafft erfolgen möchten vnd gewislich zu besorgen seyen, mit gnedigen begern, das die landtschafft solhes beherzigen vnd verhelffen welle, die vngehorsamen vnd newe verprechungen vber vnd wider obgemelten vertrag vnd die ausgangen seiner fürstlichen gnaden mandata beschehen abzustellen, die verprecher zu verschuldten straff zupringen vnd damit verrer schaden vnd nachtayl zuuerhuetten.

So sey auch sein fürstlich gnad der gnadigen maynung gegen gemainer gehorsamen landtschafft von aufrichtung ainer gueten beständigen landtsordnung, auch ob gemaine landtschafft oder sondere stende oder gerichte ainich pillich beschwärungen hetten, dieselben nach zimblichen pillichen dingen zuwenden, auf disem landtag handln zulassen vnd, damit ain landtschafft dem allen dest vleissiger obligen möcht, so wolte sein fürstlich gnadt ire aigen vordrungen vnd beschwärungen auf disem landtag nit fürbringen noch die landtschafft yez damit beladen, sonder nach vermug vnd in crafft des obberuertn vertrags vnd ausweisung der citacion, so inen verkhundt worden auf den zehendten tag marči vor den ständen des pundts zn Schwaben deshalben guetlich vnd rechtlich ersuchen thue. Darauf haben die stende der landtschafft vnd die gesandten von den gerichten vnsers gnedigisten herrn räten vnd commissarien anzaigen lassen, das ain ersame landtschafft der newen aufruerischen handlungen vnd verprechungen wider den vertrag beschwärlich missfallen tragen vnd wellen mit irem vermugen leibs vnd guets seinen fürstlichen gnaden helffen, solh vngehorsam abzustellen vnd zu straffen vnd allenthalben frid, rue vnd gehorsam auf den aufgerichten vertrag zu handthaben vnd solh ir erpieten, so es darzue käme, mit erbarer that vnd dem werckhen beweisen. Darauf seindt etlich ordnungen vnd fürnemen in schrifft verfast, auch ain gemäser ausschuss verordent mit vollem gwalt vnd beuelch, mit sambt vnserm gnedigisten herrn vnd seinen fürstlichen gnaden darzue verordenten räten solh fürnemen zu beschliessen vnd mit gelt, volk vnd anderm notdurfft dannen zu richten, damit solhes alles fürderlich vnd würckhsamlich volzogen werde. Derselb ausschus soll auch yezt hie beleiben vnd disen sachen auswartten, solang das not ist vnd bis vnser genedigister herr inen erlaubt.

Der landtsordnung halben ist auch ain gemäser ausschus von verständigen ersamen landtsassen, die der landtsgebräuch vnd herkhomen gueten bericht haben, verordent mit beuelch, das derselb ausschus auch mit sambt vnsers gnedigisten herrn verständigen räten, darunder auch landleut seyen, vnd ander particular ordnungen, auch der anstossenden fürstenthumben vnd nachperschafften landtsordnungen für sich nemen vnd vber die fürnemblichen notdurfften vnd mängl guet landtsordnung vergreiffen vnd seiner fürstlichen gnaden fürpringen, die nachmalen auf ainen gemainen landtag, so vnser genedigister herr zu gelegener zeit vngeuerlich hiezwischen vnd pfingstn ausschreiben wirdet, abgehört vnd alsdann, wie sich geburt, aufgericht werden sollen.

Dergestalt soll auch in gemainer landtschafft vnd der sondern gericht beschwärungen, souil auf disem landtag nit erledigt thet werden mugen, durch obangeruert vnsers gnedigisten herrn räte vnd den ausschus dieselben beschwärungen nach zimblichen pillichen dingen, so fürderlichist das geschehen vnd die zeit erleiden mag, zu erledigen mit vleis gehandlt werden vnd was in dem gemainen abschidt, des datum steet am montag vor aller heiligen tag im fünff vnd zwainzigsten jar auf die landtsordnung gestellt ist, in dieselb fürgenomen landtsordnung auch pringen.

Es soll auch ain grosser vnd merer ausschus yezt verordennt vnd dieselben personen ernennt werden vnd beuelch haben, auf vnsers gnedigisten herrn oder seiner f. g. stathalter vnd räte vnd das obgemelten clainen ausschus eruordrung all oder ains tayls zuerscheinen vnd in den fürfallenden seiner fürstlichen gnaden vnd des stiffts auch gemains landts obligen vnd sachen helffen zu handln, ratschlagen vnd fürnemen, was not vnd guet sein wirdet. Damit werden vast aller sondern gericht beschwärungen auch erledigt. Hette dann etwo ain gericht oder ander stände ausserhalb der zwen vnd dreissig articl gemainer landtschafft ainich sonder beschwärungen, der doch nit vil noch gros sein, die mugen im täglichen hofrat oder bey vnserm gnedigisten herrn selbs oder auch durch die verordenten seiner fürstlichen gnaden räte vnd den ausschus täglich wol erledigt werden.

Dann beruerendt vnsers gnedigisten herrn beschwärungen vnd vordrungen sind seinen fürstlichen gnaden vnd irer landtschafft auf derselben landtschafft vnderthenigs erpieten vnd pitlich ansuechen durch vleissig vnderhandlung der Römischen kaiserlichen majestaet vnd anderer stende des loblichen pundts zu Schwaben, dergleichen fürstlicher dt. von Österreich, auch herzog Wilhelmen vnd herzog Ludwigen in Bairn auf disen landtag vnsers gnedigisten herrn zuegeordenten treflichen beystendern vnd potschafften guetlich vertragen nach laut vnd inhalt ainer schrifftlichen berettung vnd ains vertragbriefs, darine die landtschafft zu erledigung vnd bezallung des stiffts verphendten stuckhen, gueter vnd beschwärlichen schulden, damit der stifft durch vergangne aufruer beladen worden ist, hundert tausendt phundt pfening in den negsten fünff jaren zu bezallen bewilligt vnd sich darumb verschriben haben.

Es soll sich auch menigelich der frembden vnd muessigeer, dabey man sich args zu besorgen hat, auch der pösen aufruerigen leut strackhs entmuessigen, sy seyen seine freundt oder ander, vnd der oberkhait zu abstellung aller vngehorsam vnd zu straff derselben hilf vnd beystandt thuen.

Sonst soll alles, so in dem abschidt sonderlich nit gemelt oder fürsehen ist, nach ausweisung obgedachts herzog Ludwigen in Bayrn etc. vertrag auch des abschidts, am montag vor aller heiligen tag im fünff vnd zwainzigisten jar gemacht, pleiben vnd demselben vertrag vnd abschidt sambt den ausgegangen mandaten gehorsamblich nachgeuolgt vnd gelebt werden. Disen abschidt haben vnser genedigster herr vnd die stend der landtschafft sambt den gerichten, so mit gewaltsam erschinen seindt, also beschlossen am suntag letare in der vasten dem aindlifften tag marcij noch Cristi vnsers herrn geburt im fünffzehenhundert vnd sechs vnd zwainzigisten jar.

56 (77).
14. März 1526.

Matheus von gots gnaden, cardinal erzbischoue zu Salzburg. Vnserm getreuen Casparn Prastlern, perkhrichter in der Gastein. Vnsern grues zuuor. Wir haben dein schreiben, des datum steet zu Hof in der Gastein am sambstag nach oculi (10. März) yez verschinen, darin du vns vnder anderm anzaigst, wie du nach vermug vnsers beuelhs die personen zu beystandt der gerichts oberkhait aufgenomen vnd bestelt habst, mit begern, dir die besoldung auf dieselben person hinein zuuerordnen etc., vernomen vnd an solhem deinen fleis auch an der handlung vnd antwurt, so du sambt den gwerkhen vnd gesellschafften den gesandten aus dem Pinzgeue gegeben hast, genedigs gefallen, vnd ir habt daran ganz recht vnd vernünftigelich gehandlt. Die weil du vns aber in solhem schreiben nit berichtest noch anzaigest, wie vil personen, auch wie lang vnd was besoldung, oder vmb wievil gelts du sy bestelt, haben wir dizmals solh gelt nit verordnen khönnen. Demnach so empfelhen wir dir, das du vns aufs aller firderlichist gründtlich vnd lauter in geschrifft berichtest, wieuil personen vnd vmb was besoldung, auch wie lang du sy aufgenomen habst. Alsdann wellen wir dir on verziehen solh gelt verordnen lassen. Es ist auch vnser maynung vnd beuelh gewesen vnd noch, das der person zwelf, die all dem perkhwerch verwant sein, vnd auf dich als vnserm perkrichter warten; desgleichs soll vnser landtrichter daselbs auch zwelf angesessen man, aus dem landtgericht vnd die dem perkhwerch verwant sein bestellen, die gleicher weis auf ine wartten vnd ir bedeuch aneinander verständigen sollet, einer dem andern, so es die notdurfft erfordert, hilf vnd beystandt zu thun, vnd den aufruerern, rottierern vnd muetwilligen leuten nach zetrachten, dieselben zu gefänkhnus vnd gebürlichen straff zubringen, damit merer vnrat vnd nachtail verhuet vnd frid, rue vnd gehorsam erhalten werden muge. Dabey lassen wir es nach beleiben vnd ist vnser maynung, das demselben also gelebt vnd nachgegangen werde. Vnd thue in dem allen gueten vleis. Daran thuest du vnser ernstlich willen vnd maynung. Datum in vnserer stat Salzburg am mittich nach letare anno domini im sechs vnd zwainzigisten.

57 (75).
Bericht an Matheum Lang, erzbischoffen zu Salzburg.
18. März 1526.

Hochwürdigster genedigster fürst vnd herr. Mein gehorsam verpflicht dienst seyen e. f. g. in aller vnderthänigkhait zuuor bereit. Mir ist ein beuelh e. f. g. ausgangen, des datum steet am mittichen nach letare (14. März) jüngst verruckht, zuekhomen, das ich mit gebürlicher reuerenz empfangen vnd gehorsames vleiss vernomen hab, darin mir e. f. g. beuilhet, dieselb e. f. g. zu berichten, wievil, auf was besoltung vnd wie lang ich die knecht zu beystandt der gerichtsobrigkhait aufgenomen vnd bestelt hab. Darauf fueg ich e. f. g. vnderthänigelich zuuernemen, das ich erstlich auf die fräuenlich vnd muetwillig that, so Marx Neufang vnd Hanns Vnpild gegen e. f. g. landtgerichts obrigkhait albie zu Gastein begangen, also in eyl 24 knecht pai den gerichten alllhie zu beistandt bestelt vnd aufgenomen hab, deren dann das maist knappen vnd perkhwerch verwante, wiewol auch etlich burger darunter seyen. Dieselben 24 knecht haben also nun acht tag gedient. Als mir aber obangezaigt beuelch zuekhomen, hab ich nach laut bemelts e. f. g. beuelchs zwelf der dapferisten aus inen genomen vnd denselben zwelfn ain monat lang dienst zuegesagt, dann ich gedenk gleichwoll, es werde von nöten sein, bemelte knecht solang zehalten, damit die pösen aufruerer vnd muetwiller gestillt vnd in etwas sorg oder forcht pracht werden. Aber die andern zwelf werden widerumb zu irer arbait geen, wie vorher beschehen.

Der besoldung halben, die 24 knecht betreffent, so die acht tag gedienet haben, hab ich ir yedem die wochen ain L. dl.[1]) zegeben zuegesagt, dann sy vmb leichtern sold nit haben dienen wellen. Wirdet die ain wochen treffen 24 L. dl. Bit e. f. g. in vnderthenigkhait, welle mir dasselb gelt mit dem paldisten zuuerordnen verschaffen, damit ich solhs den knechten raichen mög, dann sy all ge-

---
[1]) Ein L. dl. = 1 Pfund pfennig oder 1 Gulden.

naigtes vnd gehorsames vleis willig sein, e. f. g. in solhem vnd mererm ir getrewen beystandt zu thuen.

Der zwelf knecht halben, so ich auf ain neues angenomen, hab ich auch vmb kain leichtere besoldung bestellen mögen vnd inen ain yede wochen 1 L. dl. zegeben zuegesagt, dann ich hab sorg tragen, ich würde vmb leichtern sold khainen aufpringen mugen. So sein aber das dapfer aufrichtig gesellen, darzu ich mein trawn vnd hofnung sezen mag. Hab ich e. f. g. vnderthenigelich vleis vnd aus schuldiger gehorsam vnangezaigt nit lassen wellen. Wissen e. f. g. derhalben mir die besoldung auf vilgedachte zwelf personen ain yede wochen genedigelich zuuerordnen, dann sy diser zeit sonst khain aufenthaltung haben. Vnd thue mich hiemit e. f. g. in aller vnderthenigkhait beuelhen. Datum zu Hof in der Gastein am suntag judica in der vasten anno domini etc. sechs vnd zwainzigisten jare.
E. f. g. vnderthenigster diener
Caspar Prastler, perkhrichter in der Gastein.

58 (60).
Schreiben herrns Wigulei von Thurn, hofmarschall zu Salzburg, an Peter Hundt zu Ainatperg, pfleger zu Mittersill.
29. März 1526.
Wiguleus von Thurn, ritter, hofmarschalk zu Salzburg etc.
dem
edln ernuesten Petern Hundt zu Ainatperg, pfleger zu Mittersill, meinem freundtlichen lieben schwager zuhanden.

Mein freündlich guetwillig dienst sein euch zuuor berait. Freundtlich lieber schwager. Wiewol mir gnädigster herr hieuor geschriben vnd beuolhen hat, den angrif auf den künfftigen montag in den osterfeyrtagen (2. April) zuthuen, als euch dann sein fürstlich gnaden auch schrifftlich anzaigt hat, so ist mir doch an nächte spat ain brief von seiner genaden zuekhomen, darin mir sein genadt anzaigt, das solher angriff erst auf den mittichen darnach (4. April) beschehen soll, mit beuelch, euch solhs auch zuuerkhünden, das ich dem hiemit thue. So mugt ir also Georgen Neukhürcher vnd andern, die euch darzu gemaint sein, anzaigen, sich auf bemelten mittichen darnach haben zurichten. Mein gnädigster herr hat auch solhs durch aigen poten dem Perger vnd anwaldt zu Hopfgarten, sich mit den knechten halben zurichten, zuegeschriben. Sölhs. alles hab ich' euch vnd aus beuelch meines gnädigsten herrn hiemit anzaigen wellen. Datum Salueden anheut pfinztag des heiligen antlasstag anno im sechs vnd zwainzigisten.

59 (59).
Sendschreiben Cristoph Grafens, pflegherren zu Radstadt.
2. April 1526.

Ich pin vergebens bericht, wie die Gasteiner vnd Rauriser wider ainander sein sollen, etlich auf e. f. g. tail vnd etlich auf der pauern seitten. Darauf hab ich dem Prastler entpotten, demnach ich der aufruer halben meinem fürnemen nit mög nachkhumen, das er ain oder zwen zu mir heraus verorden, wil ich mich der mär wol erkhunden. Ich hab den gesandten von den gerichten noch ain wal geben, das sy all, so ich inen anzaigen wird, auf e. f. g. gschlos Werffen zu verdienter straff vnd zu recht antwortn. Dieweil sy nit wellen, das e. f. g. mit den frembten knechten nach inen greiffen sollen, sagten sy, das sy khain wessten vnder inen in irem gericht, die solhes verdient hetten.

Was mein antwort: wann die pössen pueben, die solh straff wol verdienet hetten, pr. nr.¹) ringl wären, ich woll ain rosenkranz damit machen. Ich hör auch, das ir vil rat gewesen ist, nur vber vns zeziehen, aber nit verfolgt werden. In suma: wir ligen in der zwick mit vnd wolt gern, e. f. g. bemuessiget mich meines diensts vnd versäch sich e. f. g. mit ainem verständigern, dann es wär gros vonnötten, das ich selb zu Ratstadt war, wo es an ernst gieng, damit das Lungaue von den andern gerichten getailt wurdt, auch die stras aus dem Ennstal (Ennsthal) offen plib, damit vns nit beschäch, wie vest, dann ich trau mir zu Rastat mer auszurichten, dann ander zwainzig. Die gesandten haben sich beschwärdt der knecht vnd lifrung halben; hab ich inen zu antwort geben, das sy das ganz jar ain tausent pöser pueben zu ires herrn vnd landtfürsten schaden halten söllen, so geet inen khain lifrung ab, dabey ir getreue gehorsam woll mueg verstanden werden. Hiemit thue ich mich etc. Actum Werfn am montag in ostern im sechs vnd zwainzigisten.

Christoff Graf, pflegherr zu Rastat.

---

¹) Pater noster.

60 (63.)
Sendschreiben des Cristoff Grafens, pflegherrn zu Radstatt.
2. April 1526.

Dem hochwürdigsten fürsten vnd herrn herrn Matheusn, cardinaln erzbischoffen zu Salzburg, legaten des stuels zu Rom etc.[1)]

61 (64).
Copei aines briefs von Cristoffen Grafn von Rastat ausgangen an vnsern gnedigsten herrn von Salzburg.
3. April 1526.

Hochwürdigster fürst, gnedigster herr. E. fürstlich gnaden sein mein gehorsam schuldig dienst begirlichs vnd hoches fleiss zuuor. Gnedigster herr. Als ich e. f. g. hieuor geschriben hab, das ich verhof, die aufruern noch mit vleis abzuwenden zuuersuechen, wie ich dann kain mue gespart vnd anheut dato fruc denn brobst vnd Colman zu der versamblte landtschafft gen sant Johanns zureiten bewegt, dero dann noch bis in die 700 alda gewesen, der sich ires vnpilliche rottiern wider ir brief vnd gegeben gwalt beschwärt, hat sich auch vnderwisen, was vnfuegs sy bey den gerichten von den gepürg, die ferdt auch durch sy was aufgemant worden, des sy denn in gros schaden vnd verderben khumen sein vnd sich derselben gern bey inen erhaltn erlangen werden, so sy die pös handlung mit dem vberfal zu Schläming auch noch nit enthaltet. Vnd wo e. f. g. dieselb handlung mit so hohem vleiss mit der that zurechnen nit fürkhumen ist, hetn sy sich gar kaines frides zuuersehen. Deshalb sich dann e. f. g. in den pundt zu Schwabn gethan, damit die beschedigtn zu Schläming ir ansprach mit recht zuesuechen bewögt wurden, das aber, wo sy von iren pflichten, verschreibungen vnd zuesagen füellen, darumben sy toplt pöswicht gescholten werden möchten, alles wider von inen aufgehebt, dardurch sy vertriben vnd iren verprechen nach in aller welt verschmacht sein muessen. Darauf die gericht hern Blasien die antwert, wie dann e. f. g. in seinem schreiben, darin er e. f. g. auf mein begern hin mit seiner aufrichtung bericht vernemen werden. Auf solh herrn Blasien anzaigen ich mich in nomine filii altissimi morgen allhie erheb, auf sant Veit bis pfinztag auf den Empach vnd darnach aufs negst zum marschalh zuuerrucklen, wie woll ich liebgern von dann zu disen mamaluckhen ziehen wolt, aber

---

[1)] Der Inhalt dieses Sendschreibens entspricht genau dem Wortlaute von Nr. 59.

aus gehorsam nit vnderlassen will. Ich wirde auch bericht, das der Prastler mit den knapen schon auf dem Empach ist, dem ich in diser stundt ain eyllendt post daselbs auf mich zuuerziehen zuegeschickht vnd verhof, ine noch daselbs zu betreten, vnd will pald sehen, ob sich wort vnd werkh mitainander vergleichen werden. Darnach wird die starkh handt dannocht alles zu geprauchen sein, dann ich halt nicht auf ir wort vnd erpietn. Es sein nur wort, vnd möcht wol leiden, das irem verdienen nach an mich züchtig wurden. Das frumb kindt Wölfl Agkher ist postmaister gewesen vnd sich vast gemuet vmb die haubtmanschafft, hat die wacht gar auf die hoch prugge besetzt vnd die Bischofshofer gar zu vnser wacht. Got geb gnadt, das inen ir lon werdt. Der Haider, verwalter des gerichts zu sant Veit, hat sich vast wol gehalten vnd als ich hör in diser aufruer vil geuerlichait vberstanden. Ich wirde nit handln khunen, pis ich zum marschalh khume, dann ich von den leutn nit wol vertrawen, die weil sy ires zuesagens vergessen haben. Ich wais nit mer, dann das mein vndertheniger pit ist, das mich e. f. g. von solhem beuelh erledig, dann ich im warlich zu e. f. g. vnd ainer landtschafft nuz nit wol khan vorsein aus vorangezaigten vrsachen. Demnach thue mich darin e. f. g. als meinem gnedigen herrn beuelhen. Datum Werfn am 3. tag aprilis in der neunten stundt gegen der nacht. Anno domini etc. sechs vnd zwainzigisten.

E. f. gnaden

vndertheniger gehorsamer diener Cristoff Graf, pfleger zu Rastat.

62 (35).
Missiv Caspar Prästlers, haubtmans in der Gastein.
3. April 1526.

Dem edln gestrengen herrn Wigileusn von Turn zu Newpewrn, ritter, hofmarschalcs zu Salzburg etc. und meinem gebietunden herrn.

Edler gestrenger vnd gebietunder herr. Mein geflissen willig dienst seyen eur streng alzeit beuor. Nachdem mein genedigster herr von Salzburg jüngstlich mich zu ainem haubtman fürgenomen etlicher knecht aus Gastein vnd Rauris, daneben mir sein fürstlich gnadt durch herrn Cristoffen Grafen, pfleger zu Rastat, als obristen beuelhen lassen, das ich auf an dato gewislich mit denselben knechten aus Gastein vnd Rauris alhie auf dem Empach erscheinen solln, das ich also sambt meinen knechten gehorsamblich volpracht vnd mich an nechsten abent spat alher verfiegt hab, vnd also für vnd für obgemelts herrn Cristoffen Grafen gewart. Ich hab auch mer als ain post an sein streng geen lassen, der mir aber bisher kaine widerumb khomen noch beschaidt gegeben worden ist. Lig also mit den knechten alhie mit wenigem beschaidt. So sein vil vergebner posten hin vnd wider ergangen, das ich nit wissen mag, ob freundt oder feindt vorhanden sein. Ist derhalben an euer streng mein pit, wellet mich in eyl bey disem poten vnderricht vnd ware kundtschafft wissen lassen, damit ich mich auch weiter darnach zuschickhen wisse. Es ist auch das gericht Täxnpach mit aller geburlichen gehorsam erschinen, ir anzall volkhs, wie inen herr Cristoff Graf auferlegt vnd geschriben hat, dargeben vnd geschickht; wolt ich eur streng gueter maynung nit verhalten. Damit beuilch ich mich eur streng. Datum Empach am erichtag in den osterfeyertagen vmb die dritt stundt nachmittag anno sechs vnd zwainzigisten.

 Euer streng

      williger Caspar Prastler, haubtman.

63 (66).
Antwortschreiben etc. an herrn Blasi von Keutschach etc.
3. April 1526.

Wir burger vnd nachperschafft zu sant Johanns, Veit vnd Bischofshof, dem edln ernuessten vnd gestrengen ritter herrn Blasien von Keutschach, pfleger vnd brobst zu Werfn, vnserm gebietunden herren zuantwurten.

Ernuesster gestrenger herr. Vnser gunstlichn grues in vertrawen zuuor. Eur zugesendt schreiben haben wir mit sambt seiner inhalt vernomen, auch daneben vnser gesandtn mündtlich fürbringen vnd anzaigen verstanden. Darauf haben wir, die von sant Veit vnd Johanns, entschlossen vnd wellen in vnserm einlass vnd bewilligung bleiben, wiewol wir vns der frembten knecht beschwern. Dieweil wir aber befunden in dem gestrigen vnd vorausgangen schreiben, das herr Cristof Graf nur mit hundert knechten herein willens sey zuuerruckhen vnd die andern ausser des luegs still zuligen, wiewol wir nit vermaint hetten, solhes not zesein. Damit aber frid, rue vnd guete gehorsam dester statlicher vnderhalten werde vnd für guet angesehen ist, soll dasselb bey vns auch nit abschlegig sein. Darauf mag sich herr Cristoft Graf mit gemelter anzal zu vns vnd, wo ine die notturfft uordert, verfuegen, so wellen wir thuen als frumb gehorsamb landtsäss vnd soll sich vnser versamblung niemandt beschwern. Es ist alles zu dem pesten fürgenomen, damit wir vnserm bewilligten ausschuss dester leichter mügen erkiesen. Hiemit wellen wir vns eur streng zu trewer maynung beuolhen haben. Alzeit mit väterlichem rate in allen dingen sey got mit vns. Actum zu sant Johanns im Pongew am erichtag in osternfeyrtagen anno domini sechs vnd zwainzigisten, vnd in der 6. stundt vormittag.

64 (65).
Antwortschreiben der burger vnd nachbarschaft von St. Johanns, St. Veit, Bischofshofen an Cristoff Graf pfleger zu Rastat.
3. April 1526.

Wir burger vnd nachparschafft zu sant Johanns, sant Veit vnd Bischofshof dem edln ernuesten vnd gestrengen ritter Cristoff Grafn, pfleger zu Rastat, vnserm günstigen herrn.

Ernuester gestrenger herr. Vnsern vertraulichen grues zuuor. Eur schreiben anheit montag haben wir in dem gericht sant Veit, Johanns auch etlich gesandt vor Bischofshof vnd Grosaxl seines inhalt vernomen vnd eures begerns einer einträchtigen antwort entschlossen, in solhem verstandt, das wir vnserm erpieten, so jüngst am freitag vor dem palmtag beschehen in beisein eur streng, als vnsers landpfleger, vnd ander vnser gnedig herrn, auch inhalt des ausgangen mandat, welhes datum steet am erichtag nach dem palmtag, wellen geleben, in welhen beiden begriffen, das wir der frembden knecht, wie der abschiedt vnd das mandat vorgemelt vnd in sich halt, sollen sein entladen. Darauf haben wir verhofft vnd nach eur streng werde sich also in solhem vertrauen zu vns verfuegen vnd eurn glauben auf vns für frembt kriegsuolkh sezen, den eur streng mag ermessen, das solh frembt knecht nach vnserm vnuerstand palt ain aufruer erweckhten oder machten. Demnach ist vnser vnderthenigstes pit vnd ersuechen, eur streng welle vns der frembden knecht vberheben vnd entladen vnd zu vns verfuegen, auch das vertrauen gänzlich zu vns haben. So wollen wir vns als die gehorsamen vnd getrewen vnderthanen dem obuermeltn mandat vnd vnserm zuesagen getreulich nachgeleben vnd die vngehorsamen vnd widerwertigen zu gehorsam vnd gebürlicher straff zebringen verhelfen. Darauf mag

sich eur streng vertreülich zu vns verfuegen vnd versehen. Wellen
vns hiemit eur streng als vnserm gonstigen vnd gepietunden herrn
beuolhen haben. Datum am erichtag in osterfeyrtagen vmb die 10.
stundt vormittag des sechs vnd zwainzigisten jar.

65 (67).
Copei eines schreibens herrn Cristoff Grafs, pflegers zu Rastat, an den erzbischoffen zu Salzburg.
3. April 1526.

Gnedigster fürst vnd herr. Vmb 9 vr heut datum ist auf das
schreiben, so herr Blasy hinauf vnder die versamblung gethan, laut
einligundter copey die antwort worden. Aber die weil herr Blasy
selbs widerkhumbt, in ist nit woll zuuertrauen, dann wann schon
etlich ansehenlich pawern etwas machen, will die gemain vnd pösen
pueben nit halten; sagen, sy haben nit darein bewilligt vnd ist nur
vnder inen. Der Wölfl Agkher, das feyn kindt, dringt vast vmb die
haubtmanschaft; vermaint, man soll in machen lassen. Ich hab mit
den Werffern heut gehandlt vnd all eruordern lassen; sagen gueten
glauben ires zuesagens zu halten, nur das man sy auch redt, das
sy irer gehorsam nit entgelten. Ich hof, Rastat auch zuerhalten. Haben
ir verhaissen anzal volkh oder knecht gen sant Johanns geschickht.
Von dem Prastler, seit er von mir ist, kain antwort haben, sonder
das ich vergebenlich hör, das kain knapp wider die pauern ziehen
well, noch bestellen lassen, wo dann also wer pesser, man machet
ein stillstand mit in, das sy versichert wurden, das man in die zway
täller nit ziehen wolt, das heraus auch niemandt zu hilf zugeen. Es
sein auch all päss hinauf noch besetzt. Mir ist auch von dem marschalch kain puechstaben zuekhumen. So es an ernst geen wurdt, wolt
ich geratten haben, man het den Talheimer mit seinen knechten gen
Rastat gelegt vnd den Achacj Turner her gen Werfn, so wessten
sy sich oben vnd vnden nit sicher; wurd am erst ain frid machen.
Was ich weiter handln solt, will ich beschaidt gewartten, dann inen
ist nit zuuertrawen, dem ich doch nit gern glauben gib, ist warlich
geferlich darin zuhandlen. So wais ich nit, wie es im obern vnd
vndern Pinzgeue steet, solt mich pald verziehen, das ich weder hinder
sich noch für sich möcht. Ich hab auch dem Prastler empoten, wider
haimb zuziehen vnd mit dem empfangen gelt, so er wider erfordern

wurdt, abziehen. Datum in eyl zu Werffen am 3. tag aprilis vmb di 4. vr nachmittag anno domini etc. im sechs vnd zwainzigisten.
E. f. gn.
vndertheniger gehorsamer diener Cristoff Graf, pfleger zu Rastat.

66 (61).
Erzbischöfliches schreiben an haubtman Melchior Lamberger.
4. April 1526.

Matheus von gots genaden cardinal, erzbischoue zu Salzburg etc. vnserm getrewen Melchior Lamperger (Lamberg) vnserm haubtman, vnsern grues zuuor. Wir haben deine zway schreiben sambt andern zwayen schreiben, der datum steet von Saluelden auf die vergangen nacht zu mitternachten empfangen vnd vernomen. Darauf schreiben wir hiemit widerumb gemeltem vnserm hofmarschalkh allen beschaid zue, wie du von ime vernemen wirdest, vnd ist vnser begern an dich beuelhendt, das du mit sambt demselben vnserm hofmarschalkh hierinnen mit pestem vleiss, wie dann vnser gnedigs vertrawen zu dir steet, handlest vnd allenthalben das pest thuest. Daran beschicht vns guet geuallen vnd wir vnd vnser landtschafft wellen das gegen dir in gnaden vnd allem gueten erkhennen vnd gedenckhen. Datum in vnser stat Salzburg am mitichen in den osterfeyertagen im sechs vnd zwainzigisten.

67 (62).
Erzbischöfliches schreiben an Wigileus von Thurn.
4. April 1526.

Matheus von gots genaden, cardinal erzbischoue zu Salzburg. Vnsern getrewen Wigileusen vom Thurn, vnsernt rate, hofmarschalch vnd pfleger zu Stauffenögkh. Vnsern grues zuuor. Die vergangen nacht zu mitternacht ist vns dein schreiben, des dattm steet an gestern erichtag zue 8 vr vormittag vnd anheut frue vmb 6 vr ain anders dein schreiben, des datum elter ist, nemblich am montag spat in der nacht zuekhomen. Daraus versteen wir vnder anderm dein vnd Melchiorn Lamberges fürnemen vnd zug gegen Zell vnd das Perger mit sambt den Brixentaller vber das hochpürg in das Premtall ziehen werd, darzu wir euch allen von got vnd vnsern heiligen patronen vil glückhs wünschen. Nun hat vns an nachsten abents vnser pfleger zu Rastat, Cristoff Graf, zway schreiben pald nach-

ainander zugeschickht, der copeien hier ligen, daraus verstest du
vnder anderm, das die Pongewer aufruerig seind, vnd das dir dein
pot, so von Bischofshof widerumb zu dir khomen ist, derhalben recht
gesagt hat, aber des luegs halben nit, vnd das sich noch kains zue-
zugs von den knapen zuuersehen seye, deshalben Cristoff Graf anr
Empach nit khomen khan oder mag. Darumb wellest woll aufsehen,
dich mit gepewen oder sonst deinem guetbedunkhen nach versichern
vnd dich dermassen richten, damit du sicher vnd on geuärlichait
ligest vnd die thäding mit den widerwertigen anrichtest, wie du dauon
schreibst, doch als aus dir selbst vnd nit aus vnserm beuelch oder
als ob wir darumb wissten. Vnd vns bedeucht guet aus etlichen vrsachen, das du sy dahin veimbtest, das sy ir ansehenlich trefflich
potschafft heraus zu vns vnd vnser landtschafft ausschuss schickhen,
dann dergleichen wirdet Christoff Graf mit den Pongewern auch handln.
Mitler zeit wellest dich mit den deinen in gueten gehorsam zu Zell
enthalten, bis vnser besterkhung, die wir yez aufbringen, dir statlich khomen mag. Wir wolten dir deinen vettern Achači Turner gern
schickhen, besorgen aber, er sey nit starkh genueg, durch die dienten
dir zuezeziehen. So lassen wir auch Goling, Abtnaue vnd den lueg
nit gern vnbesetzt aus vil vrsachen, vnd wird Cristoff Graf zu Werffen
gar zu ploss steen vnd mit wenigen ansehen mit den Pongewern
täding mögen, vnd möchte also nit allain Werfn, sondern auch
Rastat in gros geferlichait gestellt werden. Darumb wellen wir von
hir aus ain besterkhung schickhen, nit vmb deswillen, die zu ainem
angriff zu gebrauchen, sonder allain zu der gegenwer vnd das du
dich dester pas in deiner gewarsam vnd täding enthalten mügest vnd
dich in die selb täding als aus dir selbst vnd, wie du dauon schreibst,
vnd nit anderst einlassest.

 Wir verkhunden dir auch, das Burckhart von Embs des pün-
dischen fuesvolkhs drey fändl auf samstag oder sontag negstkhünfftig
zu Laufen zumustern beuelch hat vnd der pundt hat auf alles sein
kriegsvolkh ain monatsold also par durch iren pfeningmaister Leonharden Strauss, der yez hie bey vns ist, verordent. Wir wellen dir
auch 10 haggen mit puluer vnd lot, wie du begerst, zuschickhen,
doch souern du mit aller that stillsteest, so vergiss dennoch darneben
der Prixentaller vnd Premtaller nit, damit dieselben von deines still-
standts wegen nit in vnsicherhait noch geferlichait gestelt werden,

sonder auch ir sichere enthaltung haben mügen, piss dich zeit bedunkht.

Vns ist auch zuegefallen, ob vilieicht guet vnd teuglich were, das du alle schiff am Zellersee von allen gestatten zu dir geen Zell an die landt pringen liessest, damit du vnd niemants anders des sicherer were. Wir vnd der ausschuss haben beuolhen, Petern Spet eylents in der stat hie vmbschlagen zulassen vnd wellen khein vleiss sparn, dir auf morgen oder doch auf allerbeldist, als vil wir knecht aufbringen, zueschickhen. Sonst sezen wir die vnd ander sachen auf vnser gnedig vertrawen in dein verrer guet bedenkhen. Datum in vnser stat Salzburg am mittichen in osterfeyrntagen anno etc. sechs vnd zweinzigisten in der zehenden stundt vormittag.

Postscriptum. Seind vns brief von vnsern pflegern zu Rastat vnd Werfn zuekhomen, der copeyen wir hierin sonderlich zusamen pinden vnd mit dem X bezaichendt. Daraus versteest du, wie die sachen yez vnd nach des Blasien Keutschachers vnderhandlung bey den Pongawern gestellt seindt, vnd das Cristoff Graf anziehen will, das haben wir dir nit verhalten wellen, das dich dein vorigen anschlegen nach, wie du waist, haben vnd wissen in allem deinem fürnemen deines guet bedunkhen nach dest pass zurichten vnd zuschickhen. Vnd wir wellen dir nichts weniger ain besterkhung von knechten mit Petern Spet vnd den haggenpüchsen zueschickhen. Datum vt supra vmb 2 vormittag.

68 (68.)
An herrn Wigileusn von Turn, ritter vnd hofmarschalch, von doctor Baldung, canzler zu Salzburg.
4. April 1526.

Edler strenger sonder lieber herr marschalch. An nächten spat zwischen acht vnd neun vr ist ain feur im gässl bey der Klözlin haus, da der Waydegkher seine pherdt hat, ob dem stall auskhomen vnd derselb stall gar verprunen. Man hat langsam vber das feur angeschlagen, aber da das volkh darzue khomen ist, haben sy guete rettung gethan vnd das feur daselbs erhalten, das es gleich daselbs bliben vnd nit weiter khumen ist. Ich was in grossen sorgen, es wurd ain ander lermen vnder dem pöfl machen. Aber man hat sich schickhlich vnd still gehalten. Verkhünd ich euch darumb, ob man vber lands (wie gewonlich) mer oder pöser von dannen sagen wurd, das ir der rechten warheit ain wissen habt. Wir fertigen an ainer eilenden besterkhung für euch vnd die fromen Liechtenperger euch aufzuenthalten. Der recht puz ist auch an der handt. Mitler zeit, so die vngehorsamen tädingen wolten, wisst ir sy wol dahin zuweisen, ob sy in versamblung wärn, das sy von einander ziehn, dann das wer wider den vertrag vnd wider die gehorsam, vnd beschaidt sy heraus durch ir ansehenlich potschafft. Derselben mügt ir glait zuesagen vnd ain glaitsman mit inen schickhen, dergleichen das ir gegen inen wellet mit tätlicher handlung nichts fürnemen. Also wirdet herr Cristoff mit den Pongewern auch handln. Ich schickh euch ain copey aines schreiben vom Vinsterwalder; ist mir in diser stundt zuekhomen. Damit alzeit treuer williger. Datum Salzburg mittichen in osterfeyrtagen vmb die aindlifft stundt vormittag anno etc. sechs vnd zwainzigisten.

Wir werden die posten zu fues zwifach legen gen Vnkhen vnd Frowissen.

Baldung, canzler.

69 (12).
Ratschlag derer Gasteinerischen gewerken, ausschuss vnd burgerschafft.
7. April 1526.

Zuuermerkhen ain ratschlag oder guet bedunckhen, so die gewerkhen sambt vnd mit dem ausschusse vnd der eruordertn der landtschafft vnd ganzen gesellschafft des perkwerchs, auch der burgerschafft des markts zu Hof in der Gastein am sambstag vor quasimodogeniti auf etlich leuff vnd besorglicher geuerlichait, so jezt verhanden sein, beschlossen vnd fürgenomen haben.

Nemblich vnd zu dem ersten: so ist menigelich wissendt, mit was verstrickhung man sich an vnsern genedigstn herrn nach aufrichtung vnd vermög des vertrags, so der durchleuchtig hochgeborn fürst vnd herr herr Ludwig, pfalzgraue bein Rein, herzog in Bairn etc., obrister veldthaubtman des pundts zu Schwaben, zwischen vnserm genedigstn herrn von Salzburg etc. als vnserm landtsfürstn vnd gemainer Salzburgerisch derselben zeit widerwärtigen landtschafft beschlossen vnd gemacht, verpflicht, zuegesagt vnd verpunden hat, so haben sich doch sider her schier in allen gerichten vnd fleckhen vil selzamer aufrueriger sachen durch vergeben muetwillig vnd aufruerig leut, so nit gern fridt vnd rue sehen, auferweckt vnd begeben. Damit aber dieselben aufwigler vnd beweger zu gehorsam pracht, irer verprechung nach gestrafft, vnd das nit ander vnschuldig oder gehorsam vnderthanen durch dieselben vertüert werden oder irer straff entgelten, so hat vnser genedigster herr sambt der gehorsamen landtschafft ausschuss rat, weg, grundt fürgenomen, dieselben aufruer vnd muetwillig leut ze straffen, etlich ander seiner fürstl. gnaden gehorsamen vnderthanen aufpracht vnd des willens gewesen, solh muetwiller allain vnd on entgelt der frumen gehorsamen zestraffen, vnd das nit nach vngnaden oder irem verdienen nach, sonder nach erkhanntnus vnd fürbet der andern gehorsamen. Als aber solhs etlich ander fleckhen vermerkht, haben sy vnserm gnedigstem herrn vnd seiner gehorsamen landtschafft nit vertraut, sonder ir glüb vnd aid, so sy deshalben vnserm genedigsten herrn gethan vnd zuegesagt, vergessen, sich wider in aufruer, pindtnus vnd versamblungen begeben vnd ander gericht zu inen vnd in irer pündtnus zusteen bedrungen, das nit allain, wo es seinen fürtrang gewunnen, denselben vngehorsamen zu entgeltung, sonder auch den frumen gehorsamen vnd fridlichen zu uerderben raichen würde. Damit aber solh aufruer vnd widerwärtigkhait oder vngehorsam vnder vns nit erwachs oder erfundten werde vnd damit wir auch denselbigen aufruerigen, wo sy vns in ir widerwertig vnd aufruerig pündtnus zesteen zubenöttigen oder zedringen vndersteen wolten, widerstandt thuen möchten, so ist fürgenomen vnd beratschlagt worden, das man die klam vnd ander gränizen, dardurch vns verrat oder verderben zuesteen möcht, mit ainer anzal volkhs von der landtschafft, perkwerch oder burgerschafft des marckts, was oder wie vil dann ratlich sein wolt, besezt, versorgt vnd versehen hette, vngezweiflt, wo man anders beyeinander besteen wolte, man wurde sich der aufruerigen mit klainer mue erweren. Wo man sich dann also der aufruerer enthalten vnd nit erwachsen lassen, so wirdet sonder zweifl vnser genedigster herr genedige gefallen darob haben vnd genedige hilf mittailen, damit man sich dest stattlicher vor solher aufruer enthalten mügen.

Zum andern ist auch fürgenomen worden, das man in dem ganzen thal, von oben bis zu vnden, vnder dem perckwerch vnd der landtschafft ain dapfere vnd guete ordnung aufrichte vnd mach, also wo sich ye was widerwertigs, von wanen solhs herkhum, begeben würde, das jederman bey gueter ordnung wär, auch das man sich dester fürderlicher zu gegenwer vnd allen andern notdürfftige sachen zurichten wisset.

Zum dritten, nachdem solh aufruer allain im Pinzgew erwachsen vnd sich yezt also villeicht durch etlich vergeben aufruerig muetwiller begeben vnd erhalten haben, ist hierauf beschlossen vnd beratschlagt worden, das man denselben versambltn aufruerigen, wo die yeziger zeit im Pinzgeue sein, freundtliche schreiben zueschickhn vnd an sy begern, aus was vrsach oder grundt sy in solhen aufstandt khomen, irs gethanen glübs so pald vergessen vnd wider ir verschreibung vnd zuesagung gethan haben, das man sy auch daneben mit freundtlichen vnd pillichen dingen ermane, das sy von solhem irem fürnemen absteen, sich zu gehorsam ergeben vnd sich vnserm genedigsten herrn in aller vnderthenigkhait vnderwerffen, dann vngezweiflt vnd zu besorgen ist, wo sy das nit thain, es wurde vnser genediger herr herzog Ludwig sambt dem pundt als handler des vertrags khain gefallen darob haben, sonder das in alweg zu prechen gedenkhen, das dann dem ganzen landt zu uerderben raichen wurde.

Zum viertten, so ist fürgenomen, wo sich vorgemelte aufruerige fleckhen obbestimbter massen also zue gehorsam vndergeben vnd bey fridt beleiben, so wolt ain ganze ersame landtschafft sambt den gewerckn der gesellschafft vnd den burgern des marckts ain firbet an vorgemeltn vnsern genedigsten herrn ausgeen lassen, der maynung, das sein fürstlich gnadt inen solhs nit zu grosser merkhlicher vngehorsam, sonder vill mer iren vnuerstandt zuerechnet, das auch sein fürstlich gnadt bedächten vnd mit gnedigen willen darob wärn, damit das landt nit so gar verderbt vnd verzört wurde. Daneben muessen sich aber dieselben vnderthanen erpieten, vnd das nit allain mit wortten zuesagen, sonder vilmer mit der that volpringen, sy wolten solh vngehorsam aufwiegler vnd aufruerer selbs zu sträff vnd gehorsam bringen, vngezweiflt, es wurde sich sein fürstlich gnadt zu grossen genaden bewegen lassen.

70 (40).
Missiv der gesambten Gasteinerischen knapschafften an iren herrn bergrichter.
1526.

Vnser schuldig willig dienst zuuor. Gunstiger gebietunder lieber herr perkhrichter. Wir thuen eur hiemit als vnserm gebieter vnd obristen vnser anligen clagendt zuuernemen. Nachdem ir jungst von vns abgeschiden, seyen wir seydmals als durch die aufruerigen von den Pinzgeue vnd andern gröslich angesuecht worden, das wir vns inen in ir aufruerig pündtnuss, wol mit herzlichen vnwillen, zusagen, sich auch an denselben nit ersettigen lassen, sonder haben auch aus betroung ires streflichen gwalts mit inen wider vnsern genedigsten herrn vnd landtsfürsten ziehen muessen, vnd wo wir vns gleich ainmal von solhen aufruern wider abgezogen vnd vnser arbait warten haben wellen, so haben sy sich so muetwilligs gewalts vnderstanden, vns mit scharffen worten bedroet, wo wir vns nit in den zug vnd wir als gewerkhen mit gelt, pfeird vnd anderm inen zu hilf schickhen wurden, so sollen vnser leib, hab vnd gueter preis sein, wie sich dann desselben in menigfeltig wege gegen vns empört vnd erzaigt haben vnd wir das mit iren schrifften vnd briefn glaubwürdig beweisen mögen. Dieweil aber ir fräflich aufruerung vnd muetwillig fürnemen vnd begwältung[1]) yezt aus schickhung gottes zerstert werden soll vnd mues, seyen wir des vnpillich mit höchster frolockhung in ansehen, das wir aus solher gefenkhnus vnd grosen zwang erlöst vnd vnserm rechten landtsfürsten wider für getreue, gehorsam vnderthanen vnd camerleut zu genaden aufgenomen werden, erfreyt vnd beherzicht worden. Ist darauf an eur als vnserm obern vnd perkhrichter vnser dienstlich vleissig pit, wellet vnser als eur gerichts vnderthanen in alweg zum pesten bedenkhen, vns auch solh vnser that vnd handlung, so wir aus grosen fräflichen gwalt, wie eur sonder zweifl zum thail wol wissendt sein mag, bezwungenlich gethan haben, im pesten vnd mit gnaden hinzelegen verholffen sein, wie ir das vngezweiflt wol zethuen wisset. So wellen wir vns in alweg gegen vnserm genedigsten herrn vnd landsfürsten, wo oder zu welhen sachen vns sein fürstlich gnad hinbegern wirdet, gehorsamblich vnd vnder-

---
[1]) Hier findet sich in der vorliegenden Abschrift folgende Notiz: „dises wort gehet in M. S. ab, vnd ist das orth lähr."

thenigelich halten, wie wir dann bisher vill lieber seiner fürstlichen
gnaden mit guetem gehorsamen geneigten willen, dann den aufruerigen aus gwalt gethan wolten haben.

Wir pitten eur auch, eur pald zu vns als euern gerichts vnderthanen hereine verfüegen vnd vns in solhem trost vnd ergezung mittailen, so wellen wir vns gegen eur als vnsern obren mit aller guetwilliger gehorsam, wie sich geburt vnd pillich ist, halten vnd erzaigen. In solhem allem versehen wir vns zu eur aller pillichait, wellen wir vns eur in allweg als die gehorsamen zuverdienen willig vnd geflissen sein. Damit wellen wir vns eur beuolhen haben. Datum etc.

71 (83).
Missivschreiben an die Gasteiner.
1526.

Wolgeacht fürnemb erber vnd wol belert in Cristo, vnserm säligmacher, allerliebst brueder vnd guet freundt. Natürlicher vnd sitiger verstandt wais vnd lernt ainen yeden in nöten vmb hilf zesuechen, dan darzue im sein herz vnd gemuet sagt vnd sein vertrawen hat. Sölhs bewegt vnd vrsacht vns, euer bruederlich lieb, gunst vnd vertraut freundtschafft zu ersuchen aus nöten vnd obligenden vrsachen, vngezweiflt ir tragt guet wissen, das ain gemaine landtschafft nach langer erlitten vnerträglichen geuerlichaiten vnd schwärungen, die man nach langer gedul als begert vnd gepetten, die nach der pillichait abzethuen, aber nicht angesehen noch verfolgt worden vnd im grundt vor augen gesehen vnd bericht worden, das der fürst kriegsvolckh aufgenomen hat. Vnd man hat erwegen, das diser zeit khain krieg noch aufruer gewesen ist in disem landt, das in zu krieg bewegen hiet sollen oder rechtlich mügen bewegen, wider ain landtschafft kriegsleut zubestellen. Aber in dem ist wol verstanden, auf was sölhs gescheft wär, nit allain auf pauerschafft vnd gemaine landtschafft, sonder auch auf gemaine gesellschafft der perkhwerch, das ain gemain bewegt worden ist, sich solches fürnemens zuerwern, daraus sich diser verganger krieg erhebt, wie ir weiter deshalben durch den durchleuchtigen hochgepornen fürsten vnd herrn herrn Ludwigen, pfalzgrafn bey dem Rein, herzog in Ober- vnd Niderbairn, obrister veldthaubtman des Schwäbischen pundts etc., vnser gnädiger herr, ain vertrag ist gemacht vnd aufgericht, der vnder andern vermag, das all vnpillich beschwärung sollten gewendt vnd abthan werden, daran die haubtsach alle in summa gelegen ist. Vnd on das wär man in sollhen vertrag nit eingangen, wo man gewiss hiet, das nit gehalten wurdt vnd solich vnpillich beschwärung nit gewendt vnd wieuor mit armen leuten gepraucht wolten werden. Darauf hat man ainer landschafft für vnd für guete süesse wort geben vnd daneben nichts gewendt vnd am letzten nach verlauffung langer zeit vnd schwärer costung souil verstanden, das die beschwärung als die recht haubtsach des kriegs im grundt der rechten obligenden nott nichts gewendt sein wolten, vnd wiewol man im eingang vnd in der verhandlung mit vil gueter vertröstung aines gueten leidlichen vertrags lieblich vertröstung vnd zuesagen than hat, so ist doch von dem bischoff ein vnmässige summa gelts begert worden in sein kriegscostung. Damit man aber gern zu fridt vnd rue khumen wär, so hat sich ain ausschus auf rat etlicher vnderhandler eingelassen, ain summa gelts zegeben, nämblich hundert tausent gulden. Aber das hat noch khain ersettigung gehabt vnd begert ain beredung widerspruch. Was man gerett vnd sich mündtlich vnd schrifftlich beclagt hat, das solt man widerruffen vnd haimbnemen. Man sey on vrsach vnd wider alle pillichait aufgestanden vnd was man von dem fürsten gerett vnd clagweis geschriben hab, das sey nit war, vnd man zeich dem fürsten nichts, als ainen gerechten fürsten, der erlich vnd leblich geregieret hab. Mit dem inhalt ist ain copei gestelt; damit hiet man all beschwärung vnd clag widerloffen vnd für vnwarhafftig bekhennt, vnd wären damit cassirt vnd khainer wendung wirdig. Darumb hat der fürst die gewalt auf die ausschüs on alles hinderbringen begert zustellen, das doch on grundt ist vnd on allen behelf. Und als ain landtschafft solhs verstanden, hat sy solhs nit vnpillich zu bedenkhen gevrsacht vnd wo solchs solt fürgang haben, so ist wol zuerwegen, wir solten lieber den leiblichen todt leiden, ee wenn wir sölch vnere vnd schandt lassen in die landtschafft ausrueffen, sagen vnd schreiben. So hat er sölhs im druckh wellen lassen ausgeen. Noch hat er an stet vnd märkht ein grosse summa gelts begert zuleichen. Man hat auch im ain merkliche summa gelts gelichen. Damit hat er soldner wider sein arme landtschafft bestelt, vnd als der fürst im willen ist gewesen, die vngehorsamen zu straffen, sonder die, so nit haben gwalt wellen geben zuhandln an als hinderbringen, auch die, so das rotwild geschossen haben oder gefischt, vnd ob niemants Schläminger beherbergit vnd vnderhielten hiet, vnd all die darzu anspruch hiet mugen finden, das wär vber schuldig vnd vnschuldig gangen, als man in briefen vnd posten lautt erfunden hat, die man hiemit auch mitschickht. Er ist auch zu bestättigung solcher brief vnd schreiben der mainung gewesen, sein landt vnd leut zu vberziehen, vnangesehen, das sich ain landtschafft erpotten hat, die vngehorsamen vnd verprecher zu gehorsam vnd rechtlicher straff zuepringen, das vnnot sein solt, frembt knecht in das landt oder jeglichs gericht zulegen. Vnd man hat knecht darauf bestelt. Aber es ist nit sein maynung gewesen, nach rechtlicher ordnung zu handln, vnd darauf mit haubtleuten vnd kriegsuolkh, mit ausgerichten fändlein nach kriegsprauch wider den vertrag an zwayen orten in das pirg zogen für Hall vnd durch den lueg, vnd mit werchzeug frumb leut zu hengen, das ain arme landtschafft zu gegenweer bewegt. Solhs alles muesst wir arme leut von vnserm fürsten, der vnser schüzer vnd schermer sein solt, wider got vnd recht leiden. Demnach ist an ewer bruederlich lieb vnd freundtschafft vnser ganz vertrewliche bit, wo ir yemants wider vns zuziehen ersuecht würdt oder yemantz von eueren verwanten wider vns ziehen wolt, das ir solichs guetlich vnd bruederlich fürkhumen vnd abstellen welt, als vil euch muglich ist, wider die gerechtigkhait mit zuziehen, vnd wo wir vom perkhwerch vnd landtgerichtn euch vmb hilf vnd beistandt anrüeffen, darin wir yezundt ligen vnd nottürfftig sein, vns bruederlicher hilf nit verzeichen. Ir habt wol zu bedenkhen, was gunst der adl dem perkhwerch tregt vnd was man euch vngezweiflt auch gern zuefuegen tät. Ir versteet die sach pass, dann wir. So ist auch ain landtschafft vnd perkhwerch mit aller handlung also verwandt, das ainer des andern nottürfftig ist, vnd treulich miteinander veraint vnd mitlaidig. Demnach schickhen wir vnser gesandten ewer lieb freundtschafft vnd gunst, vnd was die mit euch reden vnd anzaigen, den wolt glauben geben, als vns selbs. Wir haben in auch beuelch vnd macht geben, nach vermugen geschrifftlichs vnd besigelt gwalt mit euch zu reden vnd handln. Die welt in vnserm namen gunstlich beuolchen haben. Das wellen wir all sament vnd sonderlich vmb euch also beflissen sein zu uerdienen. Vnd wo wir euch in aller

pillichait erspriesslich sein mugen, das sey wir zethuen ganz genaigt
vnd willig. Damit sey der almächtig got mit vns allen. Datum etc.
Euer ganz willige
         ain ganze gemain von landt- vnd perkhgerichten
         im pirg im fürstenthumb Salzburg.
(Nit mer mit ewern rat zuuerbessern.)

72 (78).
Gewaltbrief gesambter gewerken vnd mitverwandten in der Gastein.
1526.

Wir gemainigelich die gewerkhen, gesellschafften, all zuegehörig
vnd verwant des perkhwerchs Gastein, bekhennen vnuerschaidenlich
mit disem offen brief vnd thuen khundt menigelich. Nachdem sich
kurz hieuor etlich aufstandt, versamblungen vnd zamblauffen vnder
gemainer landtschafft des Pinzgeue etlicher brief vnd schreiben halben,
so sy durch vergeben wegerobert vnd vberkhumen, erhebt, zuetragen
vnd begeben haben, darin dann etlich vnlauter vnd dem gemainen
man erschröcklich wort, ainen angrif betreffendt, gestanden sein,
daraus sy dann bewegt, ir versamblung weiter an andern gericht
bewörben vnd gebracht, das zulest an vns als die perkhwerchs verwandten auch gelangt ist, vnd vns auf ir besterkhte macht ires begerns nit erwidern khunen noch mögen, sondern inen beyzesteen zuesagen müessen. Als aber jüngstlich durch ain gemainen versamblten
ausschus aller gericht im pirg des stiffts Salzburg, so zu sant Johanns
im Pongeue versamblt gewesen, dieser vnd aller sachen halben rat
gehalten ist worden vnd vnder andern fürgenomen, das man solh ir
vrsachen, gründt vnd bewegung, daraus sich dann diser aufstandt
erhebt vnd zuetragen hab, ain f. dt. von Österreich oder seiner dt.
löblichen regiment zu Ynnsprugg anzaigen, fürpringen, ander guet
will vnd weg darin bey gemelter f. dt. oder seiner dt. regiment zesuechen, damit solher aufstandt gestillt, zue rue gepracht vnd verderbung des ganzen landts verhuett werde. Darauf haben wir Micheln
Prambegkher, vnsern mituerwanten vnd burger zu Hof in der Gastein,
mit beuelch vnd etlichen werbungen vnser obligendter notturfft halben,
wie vor angezaigt, wie ab ime vnd allen andern gesandten schrifftlich vnd mündtlich clerlicher vernomen wirdet, abgefertigt vnd ime

vnser vollmechtig gwalt vnd macht geben vnd beuolhen, thuen des
auch hiemit wissentlich in crafft dis briefs, das er an vnser aller
stat vnd vnsern wegen all vnser notdurfft, mengl vnd obligen vor
bemelter f. dt., derselben löblichen regiment oder der enden, do
sich solhes zethuen gepurt vnd gezimbt, schrifftlich oder mündtlich,
wie ime fuegsam vnd gelegen sein wirdet, fürzetragen vnd fürzepringen vnd sonst alles anders, was die notdurfft hier in eruordert
vnd sich hiezu geburt, sambt vnd mit andern der gericht vnd fleckhen
gesandten fürnemen, betrachten, beratschlagen, handln, thuen vnd
lassen, inmassen wir das all gegenwürtig persöndlich fürnemen, handln,
thuen vnd lassen kuntn, sollten oder möchten. Vnd was demnach
gedachter vnser gesandter vnd hie mit vollmechtiger gwalthaber obangezaigter sachen halben an allen orten, do sich dann das geburt,
schrifftlich oder mündtlich fürpringen vnd anzaigen wirdet, bitten wir
ine in allen vnd yeden sachen seines fürpringens mit ganzen, vesten,
stäten vnd guet glauben zegeben. Was er auch darauf sambt den
andern gesandten von vnsern wegen vnd an vnser aller stat fürnemen, beratschlagen, handln, thuen vnd lassen wirdet, geloben vnd
versprechen wir, alles vnd yedes bey vnsern waren trewen in crafft
dis briefs vest, stät vnd vnzerprochen zuhalten, wo ime auch ander
notdurfftig sachen hiezu gebürlich vnd dienstlich fürfallen vnd für-
kämen, darzue ime anders vnd mehrers gwalts not sein wurde, denselben allen, wie vollkhumen der sein soll, wellen wir ime hiemit
völligelich gegeben haben, als wär der nach der allerpesten ordnung
aufgericht vnd vergriffen, getreulich on geuerde. Mit vrkhundt etc.

73 (44).
Missiv der landtschafft, gewerkhen vnd gesellschafft in der Gastein.
14. April 1526.

Den vesten vnd weisen, gemainigelich den gewerkhen vnd der
gesellschafft des perkhwerchs zu Rauris sambt der landtschafft daselbs, vnsern besonder lieben herren, freundten vnd nachparn.

Vnser freundtlich willig dienst beuor. Sonder lieben herrn,
freundt vnd nachpern. Wie wir vns jüngst verschiner zeit gegen ew
in etlichen sachen zuegesagt haben, sein wir gueter massen ingedenkh.
Nachdem auch euer gesandter Jacob zu Huntdorf bey vns gewesen,
wir ime auch deshalben abschied geben, wie ir sonder zweifl wol

vernomen habt, nun haben wir an gestern vnser gesandten bey dem obristen der landtschafft aus dem Pinzgew vmb erfarung der vrsachen solhs aufstandts auch vnderhandlungen halben, damit die sachen zue rue gepracht werden möchten, in werbung gehabt. So hat aber ander mitl noch handlung bey demselben obristen vnd der landtschafft nit stat haben wollen, dann das wir vns in ir versamblung zuesagen vnd alles anders, was zu solhem gebürt, mit inen heben vnd legen wellen vnd sollen, vnd haben darauf an dato zwayhundert knecht ausgemustert, vnd anheint werden dieselben ains tails verruckhen. Das haben wir euch gueter maynung nit verhalten wellen, wiewol wir vnserm gelobten vnd zuegesagten, souil müglich gewesen, gern nachkhomen sein wolten. So aber solhs aus yezigen leuffen nit beschehen hat mugen, haben wir vns derhalben versehen muessen, damit vns nit anders arges daraus erwachse, beuorab dieweil auch genuegsam vrsachen solhes aufstandts, wie ir sonder zweifl wol wisset, vorhanden sein. Demnach wist ir euch auch (euerm zuegesagten nach) wol in den zug mit dem peldisten zuschickhen. Wolten wir euch auf euer schreiben freundtlicher maynung nit verhalten. Datum Gastein am sambstag vor misericordia domini anno etc. im sechs vnd zwainzigisten.

Gemainigelich die ganz landtschafft, gewerkhen vnd die gesellschaft des perkhwerchs zu Gastein.

74 (42).
Missiv der bergwerkhsverwandten vnd landschaft in der Gastein.
15. April 1526.

Dem ersamen weisen Cristoffen Seznwein, obristen veldhaubtman der versamblten gericht aus dem Pinzgeue vnd Pongeue, vnserm günstigen lieben herrn vnd gueten freundt.

Vnser freundtlich willig dienst beuor. Besonder günstiger lieber herr vnd freundt. Jüngst verschiner zeit haben wir etlich vnser gesandten zu vnserm genedigisten herrn von Salzburg mit werbungen vnd vnderthenigem pitten der versamblten gericht halben im Pinzgew, damit sein fürstlich gnadt dieselben zu genaden aufnam vnd der straff begab. Vnder derselben gesandten wir dann ainen gehabt, seines namens Michel Perckhamer, der kurz hieuor (als wir bericht sein) in euer gefänkhnuss vnd verwarung khomen, vnd dieweil wir dann denselben Perckhhamer sambt den andern seinen mitgesandten allain aus trewer nachparlicher maynung euch vnd vns allen zu guetem, damit die sach zufrieden gestellt werden möchte, ausgeschickht haben, so aber dasselb nit verfangen vnd sich die sachen numals in ander wege gekhert vnd gestellt ist, dermassn wir euch zuegesagt, vns in euer versamblung begeben, vnd alles anders hiezu gepurlich mit euch thuen haben vnd legen wellen vnd sollen, ist demnach vnser freundtlich hochfleissig pit vnd ersuechen an euch, wellet denselben Micheln Perckhamer der fänkhnus begeben vnd bemüessigen, ine auch mit der straff mit guetem gunst vnd willen bedenkhen, dann er von vnsern wegen in solher handlung khumen ist. So wir aber nun mit euch verwant seyen, versehen wir vns bey euch guetwillige gewerung. So hat er sich nun lange zeit her bey vns enthalten vnd ernert vnd sich in allen seinen handlungen redlich, erlich vnd wol erzaigt vnd gehalten. Versehen vns, wo ir ine begebet, er werde sich nachmals als ainen frumen, wol anstent in allen gebürlichen sachen, rechtgeschaffen merkhen lassen vnd bedenkht vnsers gesandten hierin zum pesten. Wellen wir mit aller guetwilligkhait zuuerdienen geflissen sein. Damit beuelhen wir euch der genad gottes. Datum Gastein am sontag misericordia domini anno etc. sechs vnd zwainzigisten.

Eure willige
    gemainlich die verwanten des perkhwerchs sambt der landtschafft zu Gastein.

75 (84.)
An herzog Ludwigen von Bayrn.
1526. (April.)

Durchleuchtiger hochgeborner fürst, gnädiger herr. Vnser vnderthänig gehorsam dienst sind e. f. g. ganz willig vnd berait vnd ist an e. f. g. vnser vnderthänigs diemutigs pit, vns hierin gnädigelich zuuernemen. Als e. f. g. im vergangen herbst des fümff vnd zwainzigisten jars in den irrungen, so sich gehalten zwischen dem von Salzburg als vnserm landtsfirsten vnd vns, ainen vertrag gemacht vnd aufgericht hat, das wir vns hoch erfreudt vnd ganz verhofft, dem solt gelebt vnd volziehung beschehen. Wir sein auch nit anders willens gewesen, dem on mittel zugeleben. Aber nachdem all vnser clag, schreyen vnd krieg gewesen von wegen grosser vnpillicher beschwärung vnd noch sein vnd offt vnderthänig ist gepeten, vns darin wendung zethuen, vnd in der vnderhandlung vor — e. f. g. löblich räten vnd iüngst vor e. f. g. selbst beschehen — auch mit

dem vnderthänigisten diemutigelich gepeten, genädig mittel vnd weg
fürzenemen, damit vns sölch gros beschwärung abthan vnd nach der
pillichait gewendt wurden, das vns auch vertröst vnd im vertrag
mit ausgedruckhten wortten in dem vertragbrief geschriben ist, vnd
heten ganz glauben vnd hofnung gehabt, es wurd beschehen. Aber
khainen fürgang wellen haben, vnd vns nach eröffnung des vertrags
verschoben auf sant Andreas tag, darnach auf sant Vincenzen tag
vnd darnach von ainem tag zu dem andern, vnd am lesten gestelt
auf pfingsten vnd sein für vnd für verharrlich mit vil volkhs vnd
mit vnserm ausschus mit versawmen grosser cost vnd zerung zu
Salzburg gelegen, aber nichts beschlieslicher ausrichtung erwartten
mugen. Wol hab wir mit grundt verstanden, das in etlichen articln
(doch in den clainisten) ain mittel vnd müssigung fürgenomen ist,
darin wir nit clain gedult tragen wolten mer als der götlichen vnd
rechtlichen pillichait gemäss wär vnd wo man in den grossen schwären
sachen, obligen vnd beschwärungen auch verfarn vnd nach der
pillichait wendung fürgenomen vnd abzethuen beschlossen wär. Wir
haben aber grindtlich verstanden, das in den maisten fällen gar khain
ringerung noch pillich wendung fürgenomen wurdt noch beschehen
wolt. Vnd noch zu dem allen ist begert, das ain landtschafft solt
ain berettung vnd widerspruch thuen, die einem landt vnerlich wär,
als solt man ferrer on all vrsach vnd vnpillich aufgestanden sein,
vnd was man in dem fall gerett vnd geschriben hab, das sey nit
war vnd hab sonder dem fürsten mit dem allen vnrecht than, vnd
der mainung ain copey gestelt, damit hiet ain landtschafft all ir beschwärung vnd clag veraint vnd sich selbs für lugner erkhennt.
Darüber haben etlich mit solch gewalt wellen geben, sölh schandt,
vnser vnd ander vberflüssig sachen auf sich zu laden vnd wo sölchs
nit begeben sein wolt, so wär vil annemlicher zuleiden den leiblichen
todt, als in vnsern zu leben. Wiewol die hundert tausent gulden
vnd anders mer nit wol muglich ist zubezallen, noch hiet man solchs
mit der zeit durch götlich gnadt vnd leut hilf aufpracht, aber die
ehr hiet man niemandts mugen widergeben, vnd darumb vnd am
maisten von diser sach wegen ist irrung erwachsen, wenn in dem
vertrag ist ainer landtschafft khain widerspruch aufgelegt vnd ist
wider den Vertrag. Darauf hat der fürst ain landtschafft in hass
genomen vnd nit ain straff, sonder ain hiziger rach gegen seinen

armen vnderthan fürgenomen, als wir schreiben genueg, habe auch den werchzeüg funden, wie er mit der landtschafft vnd armen leuten hat wellen handlen. Er hat das auch mit den werchen bewärt, wenn er hat als ain offenwarer khrieger mit khriegsuolckh, mit aufgerichten fändlen an zwayen orten ein das pirg auf sein arm leut zogen. Das haist khain ordenliche straff, sonder ain offenwarer khrieg, vnd ist alles wider den vertrag, vnd wo der fürst gleich etlich vngehorsam befunden hiet, so hat sich ain gemain der landtschafft bewilligt, dieselben zu gepürlicher gehorsam vnd ordenlicher rechtlicher straff zebringen, vnd haben darauf leut verordent vnd das begert, die anzezaigen vnd was ir verhandlung sey, damit man gemain ain wissen vnd verstandt zegeben. Alsdann sey man guetwillig mit denselben zehandln vnd soll vnnot sein, frembt knecht zueprauchen. Es ist auch ainer landtschafft zuegesagt vnd zum thail schreiben ausgangen, ain landtschafft dapey pleiben zelassen. Vber das alles haten an sich in gemain Pongew, Gastein vnd Rauris erpoten vnd den fürsten mit dem höchsten vnderthänigelich gepeten, ob indest etlich wären, die sider des vertrags mit niderfellen des rotwildts, vischen oder anderm sich vergriffen hietten, dieselben strenger straff zubegeben, wann gar vil sind, die den vertrag nit gehört, vnd etlich, die den nit verstanden haben, so sey ain gemain erpietung, ain erberige eerung zu thuen, damit der vnschuldig mit dem schuldigen mitleidn trag, dardurch all sachen gestillt vnd zu gueter rue vnd fridt pracht werdt. Er hat auch an stet vnd märkht begert, gelt zuleihen. Die haben im ain merkhlich suma gelts gelihen vnd vermaint, er solt solhs zu notdurfft vnd nuz dem stifft anlegen. So hat er knecht darumb wider vns bestelt, auch on all pillich vrsach zu Werfn vier burger gefangen vnd geplundert, die noch gefangen ligen, nemblich drey, der ain ist auskhumen. Es haben auch etlich den vertrag also verstanden, nachdem sich des wilds lang gros beschwärt hat vnd noch darumb nit ordnung gemacht sey vnd khain bewärte geschrift, weder aus götlicher schrift noch aus bewärten rechten, noch ainigerlay freyhait, die einen gerechten grundt haben möcht, fürpringen mag, das weder rotwild noch anders auf armer leut schaden gefreit vnd gelait soll werden. Indem haben etlich vermaint, sy vergreiffen sich nit an den schädlichen thieren, die weil es noch nit entschiden vnd beschlossen sey, wie man sich mit solhen tieren halten sol, vnd hieten sich darumb nit straff versehen, vnd zuuor, das man mit dergleichen straff als malefizigen leuten leib vnd leben nemen solt vnd, so pillich mas vnd ordnung gemacht würdt, wolten sy sich gehorsamblich halten. Dergleichen haben sich die erpoten, welch noch nit gedient haben oder zehent, auch anders schuldig wären, die wolten erberlich zaln, wenn sy hab allain not verhindert. Noch vber sülhs hat sich der fürst wider sein arme landtschafft erhebt, alles, wie oben gemelt ist, mit krieg vnd rach, darwider sich ain arm landtschafft zu gegenwör geschickht vnd steen deshalb gegen vnsern fürsten, der vnser schützer vnd schermer sein solt, in grosser geuerlichait. Dem allem nach thuen wir e. f. g. vnderthänigelichs anzaigen, das man sich nit on vrsach in versamblung vnd gegenweer geschickht hat, bittundt, das e. f. g. well gnädigelich darein sehen, damit wir arm leut von sölhen krieg erledigt werden vnd gross verderben vnd pluet vergiessen vermitten pleib. Wen wo diz landt verderbt wurd, das tät e. f. g. landen vnd leuten in vil sachen vnd handlung auch zu grossen nachtail raichen. So sey wir erpietung vnd ganz begirig, wo wir e. f. g. auch desgleichen e. f. g. brueder, vnserm gnädigen herrn, mit leib vnd guet zu vnderthänigsten gefallen mugen werden, auch mit holzwerch gen Hall vnd, wo das not wirdet, wol vnd nuzlich erspriessen mugen, des sey wir ganz genaigt vnd willig, damit wir zu ainem pillichen vnd fridlichen standt vnd wesen khumen mugen. Das wellen wir zu ewigen zeiten. Vmb e. f. g. thuen wir vns hierin beuelhen in allermuglichait vnderthänigelich, verdienen auch zu got, vmb e. f. g. glückh vnd lankh leben pitten sein. Datum etc.

E. f. g.

vnderthänige gemain landtschafft im gepürg im bistumb Salzburg

76 (70).
Cristoff Grafn schreiben an den von Salzburg.
18. April 1526.

Genedigster herr. Ich fueg e. f. g. zuwissen, das die aufruerer am sonntag zu mittag die statt Rastat in zuezusagen begert, wo nit, den freyen knechtn preiszumachen. Aber die burger thuent als redlich leut, haben die stat vergangen montag nacht mit sturmb wellen anlauffen vnd greifen mit hawen vnd schaufln auch laytern mit sambt inen von vnser landtschafft in die 800 eruordert. Darnach am erichtag hab ich inen ain· wacht ausgehebt, bey der ich mich erkhundigt hab, das sich die puntischen getailt haben auf dreu orth. Bit e. f. g. welle in Steyr vnd Kärndten eilent vmb hilf schickhen, dann es ist fast not. Ich stee warlich in grossen sorgen, dann sy begern nur, mein allain inen zuantwurten; sonst solt alle welt gesichert sein, so clagt sich mein volkh vnd beuor die armen kost, narung vnd ander mengl, wiewol ich inen nach meinem vermugen vnd, was ich hab, mittailt, auch zuesag, 2 Monat an speis khainen mengl zulassen. Ich besorg aber, es wurd vns ee zerynnen, auch sonst ander mengl mer, wie ich e. f. g. voraus anzaigt hab. Damit thue ich mich e. f. g. beuelhen. Actum 18. aprilis anno etc. sechs vnd zwainzigisten.

77 (71.)
Schreiben an Andre Hofman.
1526.

Vnsern dienst mit guetem willen. Lieber herr Andre Hofman. Nachdem sich die Pünzgerschen pauern sambt iren anhang auf die stat Rastat alher gezogen vnd der begert, inen zuezesagen, vnd die in die 3000 stark belegert etc. vnd wo ir nun auf das Enstall alsdann vns vnd euch zu trostlicher hilf vnd beistandt mit ainer anzal volkhs anzugt, het ich guet hofnung vnd khain ander gedenkhen, die wildn schaff, gais vnd pöckh aus dem Pinzgeue etc. allhie vmb Rastat in den stall einzutreiben. Dann wir haben vns mit grossen vorthail auf sy gerist.

78 (43).
Missiv an gesambte Gasteinerische gewerkh vnd landtschafft.
26. April 1526.

Den ersamen fürsichtigen vnd weisen N., den gewerkhen vnd sonderlich ainer ersamen gesellschafft des perkhwerchs in der Gastein, meinen gueten freundten.

Mein dienst mit guetem willen zuuor. Lieben herrn vnd guet freundt. Eur schreiben, so ir mir am jüngsten gethan, hab ich mit seiner inhalt vernomen vnd verstanden, wie ir euch der besoldung ewrer knecht, so bey dem haufen ligen, wellet erwidern vnd mit dem beholfen, als solt ich ewrm gesanten versprochen haben, vber die erst besoldung, die auf ainen knecht mit ainem dickhen pfenning oder aufs maist mit ainem halben gulden erstreckht solt sein, nichts weiter zudringen, so wissen doch ewer gesandten vnd ander ausschuss von den gerichten, die bey der handlung zu sant Johans gewesen, das derselb euer ausschuss in namen ewer der vom perkhwerch vnd landtschafft mir in namen ainer ersamen landtschafft gelobt vnd geschworn haben, mit derselben zu heben vnd legen, als weit euch euer leib, eer vnd guet erraicht. Wo ir aber euer fürnemen, wie uorsteet, also wolt wilfarn, wär ewrn gethanen glüb vnd zuesagen nit gemäss, sonder ganz widerwertig. Als ir auch anzaigt, ir wist das perkhwerch also nymer zuarbeiten vnd muest es niderlegen lassen, so wist ich doch glaubwirdig bericht, das die perkhwerch das vergangen jar auch in dermassen leuffen noch mit vil weniger volkh, als yez bey euch ist, erberlich vnd wol gearbait vnd erhalten ist worden. Es khumbt aber glaubwirdig an mich, wie ir die arbaiter vnd dem perkhwerch verwanten mit ob angezaigten sachen vns vnd vnserm löblichen vnd notdürfftigen pundt zu abfall aus irem glüb vnd ayden zuweisen vnd zudringen genaigt seit, vnd also gweltigelich durchzufaren vndersteen wellet, vnd sonderlich in dem, das ir nit allain den weiben vnd kinden, deren man vnd väter yez bey dem hauffen verwont, sonder auch denen, die yez anhaimb zu arbaitn wolten vnd am perg arbaiten, khain oder doch wenig lifrung raichet vnd widerfaren lasset. Vnd wo dem also wär, hetten ich vnd ain ersame landtschafft nit ain klain missfallen ob. Ist demnach mein ernstlich maynung vnd geschäfft an euch, das ir in euerem glüb vnd ayd beharret vnd nachkhomet, vnd auf ewer kriegsvolckh von stund an gelt vnd proviant verordent vnd den knechten aufs nechst zuschickhet, wie ander gericht, vnd euch darinen khaineswegs staunet oder erwidert, damit wir spürn mögen, ob ir neben ainer ersamen landtschafft welt heben vnd legen vnd, ob ir freundt oder feindt sein wellet, erkhennen mögen. Nicht dester mynder wellet auch das perkhwerch wie das vergangen jar erlich erhalten vnd arbaiten lassen vnd deren knecht, so in veld ligen, weib, kindt vnd die noch konftiger zeit eruordert möchten werden, auf die spän, das sy am jüngsten gearbait, lifrung vnd vnderhalt geben nach gezimblichen vnd gebürlichen sachen, sambt denen, die bey euch arbaiten, vnd euch khainswegs mit anderer meuteray merkhen lassen. Daran thuet ir mein ernstliche maynung vnd geschäfft, wil mich des auch freundlicher maynung genzlich zu euch versehen. Wo ir das nit thut, würd ich verursacht, euch mit vngnaden vnd gepürlicher straff haimbsuechen.

Wellet auch auf mich vnd mein leyttinger vnd zwen trabanten, veldschreiber vnd andern toplsöldnern, der man nit mangl haben mag, vnd auf die vier von den hohen ämbtern gelt verordnen vnd aufs nechst zueschickhen. Damit was euch lieb ist. Datum vor Rastat im gleger am pfinztag nach sant Jörgen tag im sechs vnd zwainzigisten jar vmb die viert stundt nachmittag.

Cristoff Sezenwein, obrister veldthaubtman.

79 (47).
Missiv an den obristen haubtman vnd gesambte landtschafft in Gastein.
1526.

Mein freundtlich willig dienst zuuor. Lieber herr haubtman vnd sonder gueter freundt. Ich thue euch zuwissen, das mich Martin Zottens hausfraw alhie vnd sein brueder Jhronimus Zott mit hohem ersuechen petlich angelangt haben, ir der frawen passport zegeben vber den Thaurn zu irem hauswirt an das Stainfeldt zeraisen. Nachdem ich aber desselben nit macht noch von euch beuelch gehabt, hab ich mich des nit vndersteen wellen, sonder ir zuuersteen gegeben, ich welle solhs an euch langen lassen, vngezweiflt, ir werdet euch darin guetwilligelich halten. Des sy sich dann auch begeben vnd on eur wissen vnd zuegeben nit verruckhen wöllen, damit sy nit für vngehorsam oder flüchtig geacht wurde, vnd mich hierauf mit sondern vleiss gebetten, euch solhs anzezaigen vnd von irn wegen freundtlich zupitten, damit ir gleublich vnd notdürfftig passporten von euch gegeben vnd zuegestellt werden, das sy onbeschädigt allenthalben durchraisen vnd iren hauswirt haimbsuechen vnd vermüglichait seines gesund besehen mög, so welle sy sich auf das peldist wider anhaimb verfuegen, dann derselb ir hauswirt grosser merkhlicher notdurfft halben, sein perkhwerch daselbs am Stainfeldt betreffent, wo er gleich gern dahaimb wär, als wol zuermessen ist, nit heymbziehen mag, dann zu besorgen, wo er nit daselbs persönlich wer, möcht vmb dasselb perkhwerch alles khomen, das im dann zu grossen verderben raichen möcht. Solhs hab ich zum thail gründtlich erfarn vnd erfragt, das dem also ist, wieuor angezaigt, vnd dieweil dann vorbemelter Martin Zott vormals mit wissen vnd willen ainer ganzen landtschafft alhie eerlich abgeschiden ist vnd sich weiter mit hab noch guet von vns besondert noch wegzogen, sonder mit sambt seiner hausfrawen vnd brueder Jheronimusn Zottn mit treulicher beymeinung beständig gewesen vnd das füran noch zethuen willens sein, als sy dann bishero than haben, vnd bemelter Jheronimus Zott noch teglich mit der ganzen landtschafft mitstreben ist, allein das er seiner merkhlichen notdurfft nach, wie obsteet, ausraisen hat muessen, ist demnach von bemelter frawen vnd Zotten wegen mein hochfleissig dienstlich pit an euch, wellet ir günstiges willens sein vnd bey gegenwurtigen zaiger dis briefs gleublich passporten zueschickhen oder mir das vergonnen vnd gwalt geben, so wil ich ir dieselben von euren wegen mit dem pesten form auf das fueglichist zuestellen vnd geben, doch nit anders, dann dergestalt, wie oben bemelt ist, versich ich mich zu inen, sy werden sich in alweg rechtgeschaffen halten vnd von der landtschafft nit streben. Das werden sy auch in all guet wege vmb euch mit sonderm vleis vnverdienet nit lassen, als sy sich dann desselben groslich erpoten haben, vnd pit nochmals, wellet euch die sachen beuolhen lassen sein vnd mit dem fürderlichisten disem gesandten guete abfertigung geben, der ich mit guetem willen gewartundt bin. Damit alzeit e. guetwilliger. Datum etc.

Wolfgang Heugl, haubtman.

80 (72).
Schreiben Marxn Neufangs, obristen feldhaubtmans.
23. Mai 1526.

Den fürsichtigen ersamen vnd weisen N. vnd N. der ganzen landtschafft in der Gastein vnd Wolfgangen Heugl, haubtman daselbs.

Mein dienst zuuor. Freundtlich lieb nachpern. Ich hab etlich von der burgerschafft, gewerkhen vnd landtschafft für mich eruordern lassen vnd ir kainer gehorsam erschinen, das ich dann nit vnpillich missfallen trag. Nun ist mein ernstliche maynung vnd geschäfft an euch, das ir darob seit, damit sy meinen vorausgangen geschäfftn nachkhumen vnd vor mein in eyl erscheinen. Wo das nit beschäch, wurdt ich ire hab vnd gueter gemainen knechten preys geben vnd in erscheinen vnd die knecht ir besoldung dauon bekhomen lassen. Das mügt ir in anzaigen, damit sy sich vor schaden wissen zehüetten. Weitter nachdem etlich federhannsen bey euch seindt, die mir meine gesandten in ainer gestalt widerumb herausfertigen, das mir nit zugedulten steet, demnach ist mein ernstlich geschäfft an euch, mir dieselben von stund an venkhlich anzunemen vnd vberzeantworten.

Wo das nit beschech, mues ich weg gedenkhen, wie ich dieselben zu wegen pringen möcht, das ir auch khain genies hiet, dann ir wist, das manigsmal der vnschuldig des schuldig mues entgelten. Darumb wellet dapfer darin handln vnd sonderlich beuelch ich euch, haubtman, das ir ernstlich darin handlt. Auch wellet in allen zechen euch bemuen, damit ir auf eur knecht von stund an gelt verordnet, sonst wolten sy mue vnd arbait stifften, das pald mir vnd euch zu nachthail käm. Damit was euch lieb ist. Datum Mittersill am mittichen in den pfingsten im sechs vnd zwainzigisten jar.

Marx Neufang, obrister veldthaubtman.

81 (80).

Schuldbrief im namen des ganzen bauernbundts in Salzburger gebürg.

1526. (nach dem 10. Juni).

Ich Leonhardt Prundlinger, als volmechtiger gewalthaber des ausschus der ganzen pundtischen landtschafft im gepirg der stifft Salzburg, vnd ich Wolfgang Heugl, der zeit der landtschafft vnd des gerichts Gastein haubtman, bekhennen vnuerschidenlich innamen obgemelter landtschafften, nachdem wir sambt andern deshalben verordentn laut des gewaltsbriefs, so mir Leonharden Prundlinger von obgemelten ausschus zuegestelt vnd geben worden ist, des datum steet am sontag vor Viti (10. Juni) dez yez lauffenden sechs vnd zwainsigisten jars, mit der ersamen tugenthafften frawen Anna, Martin Strassers zu Hof in der Gastein elichen hausfrawen, dieweil gedachter ir hauswirt diser zeit nit anhaimb hat sein mögen, gehandlt vnd aines anlehens vorgemelter ganzen landtschafft zu trefflicher obligender notdurfft begert, darauf sy sich dann gegen vns gebürlich vnd wol erzaigt hat, aber ir vnuermugen hoh angezaigt, beuorab das sy in solhen nit gweltig sey vnd könn sich des nit vndersteen. Jedoch welle sy sich auf das fürderlichist inerhalb acht oder vier tagen bemugen vnd das irem hauswirt oder iren öbern anpringen. Die werden alsdann vngezweiflt gueten beschaidt vnd antwort geben. Die weil aber ye die not so gröslich eruordert hat, das solhs khainen lengern verzug hat leiden mögen, haben wir nochmals mit bemelter frawen souil gerett vnd sy so hoch ermandt vnd zum lesten dahin pracht, das sy vns in namen obgemeltn landtschafftn zwayhundert gulden Reinisch gelichen vnd fürgestreckht hat, doch der gestalt, die weil sich die fraw des gwalts nit vndersteen hat wellen, das wir das von wegen ainer landtschafft gegen irem hauswirt vnd derselben obrer vnd herrn verantworten sollen. Dieselben zwayhundert guldein wir dann in gueter gwerschaft von ir empfangen vnd eingenomen haben. Dieselbig suma gelts geloben vnd versprechen wir obgemelt Pründlinger vnd Heugl von wegen vnd anstat vil gemelter landtschafften obgedachten Martin Strasser, seiner hausfrawen vnd iren paiden erben, oder wer dieselbig suma gelts von iren wegen mit weisung dis briefs zu der zeit, so sy des nit lenger geraten oder empern mögen, an vns oder die landtschafft eruordern werden, on allen schaden vnd abgang gewislich auszurichten vnd zu bezallen. Wo inen aber die bezalung obbestimbter massen nit gethan, sonder vber iren willen verzogen würde, daraus ir oder iren erben schaden lauffen oder volgen möcht, es wer mit nachraisn, zerung, potnlon, versaumnus, rechtuertigung oder anderm, wie das beschehen möcht, denselben schaden allen sambt der haubtschuld sollen vnd mögen sy bey gemelter landtschafft im gepürg der stifft Salzburg auch des tals Gastein ersuechen vnd bekhumern auf derselben landtschafft hab vnd guetern pis so lang sy obermelter schulden völligelich vergnüegt vnd bezalt seindt, getreulich on geuerde. Mit vrkhund diz briefs, so hab ich vilgemelter Leonhardt Pründlinger mein aigen insigl hinfürgedruckt vnd ich Wolfgang Heugl hab mit vleis erpeten den N. etc., das er sein insigill von meinen wegen auch hinfürgedruckht hat, die weil ich mit khainem aigen insigill versehen pin. Des sind zeugen etc. Datum etc.

Siegler von wegen Heugl: Kirchpüchler.

Testes: Pramegkher, Wolfgang Kurz vnd Hanns Vasching zu Remosen.

82 (81).
Schreiben gen Vellach wegen öffnung der strassen über den Tauren.
17. Juni 1526.

Den vesten, fürnemen, ersamen vnd weisen N. richtern, burgermaistern, burgern vnd gemain des markhts zu Velach, vnsern gunstigen, besonder lieben herrn, freundten vnd nachparn zu antworten.

Vest, fürnemb vnd weise, günstig lieb herrn vnd besonders guet freundt. Vnser freundtlich, nachparlich dienst seyen eue alzeit mit genaigter guetwilligkhait beuor. Ir tragt sonder zweifl guet wissent, wie sich newlich verschiner zeit in den pirglanden des stifft Salzburg etlich aufruern, pundtnus vnd versamblung erhebt haben, welche aufruern oder pindtnus an vns auch gelangt sein, der wir vns dann aus vilfeltigen hohen vnd langen anhalten, auch trefflicher vrsachen halben nit entsèzen noch lenger verwidern haben mögen, sonder vns darein verwilligen vnd zuesagen muessen. So ist vns beuorab, auch euch, dise zeit her vnd sider diser aufruer die strassen vber die Tauern durch die obristen haubtleut diser pundtischen versamblung, nämblich Cristoff Sezenwein, vnd zuuor durch Marxn Neufang verhalten worden, die dann sondern beuelch alher gethan, das man niemandt aus dem tall verruckhen oder verziehen lassen solle, aus dem auch dann eur notdürfftig gewerb vnd handl der strassen halben aufgehalten worden sein. Sonderlich seyen auch wir des zu grosser verhinderung vnd nachtail khomen, das vns weder pley, wein etc. zuerhaltung etc., in solhem wir vns ganz on schuldt erkhennen, dann wir vns bisher anders nichts, dann aller freundtlicher nachperschafft gegen eue vertröst, vnd versehen vns kaines andern künfftigelich, auch zu beschehen verhoffen, das wir vns gegen eue auch in allwege freundtlich vnd guetwilligelich ze thuen vnd zu laisten erpieten. Vnd wo wir dann solhen durch vnser aigen macht hetten fürkhomen mögen, wolten das eue vnd vns zu guetem nit so lang ansteen haben lassen, sonder vns nit anders, dann wie vorher vnd vor der aufruer mit zuefuern vnd nachperlichen dienst gegen eue erzaigt vnd gehalten haben. Dieweil aber gedachter Neufang solher obangezaigter haubtmanschafft nunmals entsezt vnd deshalb ain ander regiment fürgenomen ist, das man aus allen gerichten ainen anschlichen ratmässigen man zu ainem kriegsrat erwelt vnd gesezt hat, dieselben dann in rat befunden haben, das in dem nit nuzlich noch grindtlich wol gehandlt sey worden, das die strasse also mit zuefuerung vnd anderm handln vnd wandln verhalten sein solle, vnd werde also darmit gemainer nuz groslich verhindert, vnd haben vns derhalben beuolhen, mit eue zu handln vnd freundtlich zu pitten, das ir solhe vorhaltung nit für widerwertig noch zu argem annemt noch ermesset. Darauf ist vnser freundtlich dienstlich vnd nachperlich schreiben, pit vnd beger an eue, das ir solh vnser vnschuld vnd not, mit der wir bishero verfast gewesen sein, ansehen vnd mit günstigen willen ermessen wellet, vnd vns die notdurfften mit plei, wein vnd dergleichen zuegeen vnd zufuern, auch vns vnd die vnsern mit gueten friden on alles aufhalten vnd belaidigen, wie vorher, hin vnd wider handln vnd wandln vnd ir gewerb treiben lassen. So wellen wir vns entgegen auch gebürlich, freundtlich vnd nachperlich erzaigen vnd eue alles das, so wir yndert haben vnd vermugen, auch zueschickhen vnd die euern on all beschedigung halten, darfür wir eue mit leib vnd guet samentlich steen wellen. Wir pitten auch, wellet in solhem bey eur obrigkhait vnd landthaubtman geflissen vnd von vnsern wegen bemuet sein, auch vns gegen denselben mit dem pesten anzaigen, damit vns solhs, wie vorsteet, mit gnaden vnd gunst erdeihen mög. Wir versehen vns auch zu euch in aller freundtschafft, ir werdet vns khainen schädlichen vberzug oder einfal, so vns durch euer fleckhen zuziechen möcht, gestatten, sondern vns freundtlich vnd nachperlich dauor warnen, des ir eue zu vns warhafftigelich vnd getreulich versehen vnd vertrösten mögt. In dem allen wellen wir vns zu euern gunst beuolhen haben, fürderlicher schrifftlicher vnd gueter antwort gewarten. Damit: was eue allen freundtlich, lieb vnd dienst ist! Datum am sonntag nach Viti sechs vnd zwainzigisten.

Gemainigelich die ganz landtschafft, burger vnd gewerchen des talls vnd gerichts Gastein.

83 (57).
Missiv derer Gasteiner.
1526.

Wolgeacht fürnemb erber vnd weis günstig lieb herrn vnd sonder guet freundt. Welcher massen vns Marx Neufang als obrister veldthaubtman kurz hieuor geschriben vnd etlicher vrsachen halben, so wir gemainer landtschafft widerwärtig erzaigt haben sollen, zu antwort für in khumen eruordert hat, tragt ir sonder zweifl wol wissen. Darauf wir ime dann hinwider geschriben vnd vns mit warhafftiger anzaigung entschuldigt mit dem beger, das er solh vercleger, so vns wider ine vnd gemaine landtschafft ohn grundt versagt, alher für euch als ain ersame landtschafft vnd für euerm haubtman zu verantwortung stelle. Wo alsdann ainich mishandlung bey vns gemainer landtschafft zu argem raichundt mit lautterm schein befunden wurde, wellen wir vns euch als vnsern mitverwanden vnd landtleüten, denen dann solhes mit rechter pillichait gebürlich zuesteet vnd gezimbt, der straff vndergeben vnd die willigelich vnd für verschuldt annemen, sambt merern vnsern warhafftigen anzaigen vnd pillichen erpieten. Solh vnser hoh erpieten vnd gleublichs fürpringen aber bey ime wenig ansehens gehabt, das sich villeicht (als wir ermessen) nit bey ime, sonder etwo aus andern vnser misgunnern, vmb die wir es doch nit beschuldt haben, erhebt vnd zuetragen hat. Vnd hat darauf bemelter obrister veldthaubtman ferer schrifften vnd beuelhen an euch ain ersame landtschafft, auch Wolfgangen Heugl vnserm haubtman, ausgeen lassen, mit dem inhalt, das wir vns noch on verziehen für ine stellen vnd erzaigen sollen, wo nit, welle er vnser hab vnd gueter gemainen knechten preis machen.

Vnd zaigt doch daneben nit an, aus was vrsachen wir eruordert seindt, damit wir vns dester leichter zu antwort schickhen möchten; solhs alles wir vns hoch befremden vnd beclagen. Dieweil wir vns in allwege mit euch als gemainer landtschafft in allen vordrungen vnd anderm, so vns der pillichait nach auferlegt worden ist, gehorsamblich gehalten haben, vnd doch vber solh vnser gehorsam erzaigen teglich mer vnpillicher vnd vnuerschulder weis angelangt vnd ersuecht werden, so seyn wir nochmals vrputig, mit euch der landtschafften in allen gebürlichen sachen zeheben vnd zelegen vnd alles das zethuen, das vns pillicher zimblicher weis aufgeladen würdet. Vnd wo wir in ainicher weg prüchig erfunden, mit was misthat oder verhandlung das beschehe, vnd wir mit gründtlichen schein bezeugt würden, so wellen wir vns der straff, wie pillich ist, vndergeben vnd der von euch, als der landtschafft, der das pillich zuesteet, gehorsamlich gewarten. Ist demnach an euch als ain ersame landtschafft vnd gemain vnser diemüettig vleissig pit vnd ersuechen, wellet hierin die grossen vnpillichait, so vns on grundt der warhait aus khainen redlichen vrsachen zuegezogen werden, mit rechter, pillicher beweglichait bedenkhen, daneben vnser vnschuldt ansehen vnd ermessen vnd der pillichait nach vnd nit anders ob vns als den gehorsamen halten, auch vns, bey vnserm hohen vnd pillichen erpieten, als vnser obristen vnd principales handthaben, schuzen vnd schirmen vnd an alweg mit genaigter vnd gueter fürsehung vnser verderben vnd plünderung vnserer gueter, so vns on alles rechtmässig vrsachen vnd on alles verschulden wider die pillichait zuegemessen vnd damit bedröet wirdet, verhüetten vnd versorgen, damit wir nit so vnpillich von den vnsern mit vnrechtlichen gwalt gedrungen werden. So wellen wir vns, wie vorsteet, der straff ergeben, als solhs dann jüngstlich in ainem gemainen versambltn landtag zu sant Johanns im Pongeue durch die ausschuss aller gericht beschlossen vnd fürgenomen ist, nemblich, wo ainer was verprochen hätte, dardurch er straffmässig wär, so soll vnd mag im dieselb landtschafft vnd gemain, darunder derselb verprecher bewannt ist, darumb straffen, wo das aber bey solher landtschafft nit zu beschlieslichen endt erledigt werden möcht, alsdann solhes hinfür dem obristen vnd desselben kriegsrat zu erkhandtnus gestellt werden. Solhs verhoffen wir, es werde on vns auch nit geprochen, sonder der pillichait nach volpracht vnd volzogen. Dem allem nach versehen wir vns zu euch als zuhandler der pillichait vnd gerechtigkait, ir werdet vnser hierin im pesten bedenkhen vnd warten darauf aller pillichen vnd rechtlichen handlungen vnd antwort. Das wellen wir in allweg mit gepürlicher gehorsam vnd anderm vmb euch vnd die euern zu beschulden vnuergessen sein.

Hanns Weitmoser. Cristoff Kirchpüchler. Hanns Wurfl.
Heinrich Khunhauser. Thoman Vogler. Jörg Streckhseisen.
Hanns Klingler. Hanns Viechter. Cristan Schmid.

84 (92).
Articl den vngehorsamen vnderthanen fürgehalten.[1]
1526.

Erstlich volgt der ayd, so die feindt vnd widerwärtigen, die sich in gnad vnd vngnad ergeben haben, thun sollen:

Ir werd ainen ayd zu got vnd den heiligen schwern:

Erstlich das ir den hochwürdigisten fürstn vnd herrn herrn Matheusen, der heiligen Römischen kirchen cardinal, erzbischouen zu Salzburg etc. vnd seiner fürstlichen gnaden nachkhomen, der mit rechter wall des thuembs capitls zu Salzburg erwelt wirdt, treue gehorsamb vnd gewärtig sein wellet vnd sollet als euerm rechten erzbischouen, natürlichen herrn vnd landtsfürsten, seiner f. g. vnd seiner f. g. stifft schaden wenden vnd fromen werben, getreulich ongeuär.

Zum andern, das ir alle vnd yede verpflichtung vnd pundtnus, so ir yezt vnd ver wider eurn landtsfürsten, obrigkhaiten vnd ander

---

[1] Der für die Huldigung angesetzte tag war auf „sontag vor St. Vlrichstag" (11. Juli) zu Taxenbach bestimmt. Die hier aufgeführten Artikel finden sich auch bei Zauner loc. cit. S. 83, sowie in den „Mittheilungen der Gesellschaft für Salzburger Landeskunde" Bd. II. (1861—62) S. 177 ff.

gemacht, verbrieft oder geschworn habt, aufheben, abthuen vnd derselben aneinander erlassen, auch ob derhalben brief aufgericht, das ir dieselben in acht tagen den nägstn den pundtschen commissarien geen Salzburg zuestellen vnd antwurtn wellet.

Zum dritten, das ir vnserm genedigisten herrn cardinal, seiner f. g. capitl, den von prelätn, ritterschafft vnd andern eurn obrigkhaiten ire ränt, zins, zehendt, gültn, gehorsam vnd dienstparkhait wie von alter treulich raichen, dienen vnd laisten wellet.

Zum vierdten, das ir die jenigen, so jezt aus dem landt diser aufruer halben entloffen oder sonst von was verprechens wegen das lande verpotn wärn, nit hausn, hoffen, fürschieben, mit denselben weder haimblich noch offenlich gar khain thuen haben, sonder wo ir dieselben sament vnd sonder im fürstenthumb vnd stifft Salzburg erfart vnd gewar werdet, das ir die von stund an vänckhlich annemen vnd in ain yede phleg oder gericht, darin sie betretten werden, antwurtn wellet.

Zum fünfften: damit der stifft vnd vnderthanen bey bestendigen fridt beleiben vnd dergleichen aufruer, verderben vnd schaden in künfftig zeit verhuett vnd die aufwigler gestrafft werden, das ir dieselben haubtleut, aufwigler vnd rädlfuerer von namen zu namen yezt von stund an dem öbristen vnd kriegsrätn anzaigen vnd benennen wellet; vnd noch zu pesserer sicherhait, des ir füran khain lange weer, weder spiess, hellenpartn noch handtrör ausserhalb eur obrigkhait zulassen nit mer tragen, khauffen oder in eurn heusern haben wellet, ausserhalb gewöndlicher seitweer, die sollen euch aus gnaden zuegelassen sein. Ob aber obuerpotne oder dergleichen weern bey euch gefunden, das ir derhalben an euern leyben vnd guetern gestrafft werden sollet.

Zum sechsten, das ir sament vnd sonder all genomen varnus vnd gueter, wie dieselben namen haben, souil der bey euch sein oder angezaigt werden mügen, vnserm genedigisten herrn vnd andern, denen sy empfrembt oder genomen worden, von stund an wider zuestellen vnd antwurttn, desgleichen mit dem hochgedachten vnserm genedigisten herrn vnd andern vmb die zuegefuegten schaden mit plindern oder verprennen guetlichen vertragen vnd, ob aber darinen khain guetlicher vertrag gefunden oder erhabt werden möchte, das ir alsdann gemainer stände des pundts oder irer darzue verordenten

8a

räten vnd beuelchhaber entlich erkhanntnus leiden vnd on verrer ausred oder aufhaltn treuelich vollziechen wellet.

Zum sibendten, das ir all sament vnd sonder eur angepür an den vierzehen tausent gulden, so durch die stat Salzburg den ständten des pundts laut vnsers gnädigen herrn herzog Ludwigs in Bairn etc. vertrag bezalt sein vnd von euch noch vnbezalt ausstendt, auch in ainem monat denagst on abgang erlegen vnd entrichten wellet.

Zum achten, das ir alles das, so auf jüngstn landtag zu Salzburg durch gemaine landtschafft beschlossen worden, annemen, bewilligen, darzue vollziehen vnd deshalben eur volkumbne guerdt in vierzehen tagen den nagsten geen Salzburg schickhen wellet.

Zum neundten: nachdem durch disen vnpillichen eurn aufstandt die gemaine ständt des pundts in Schwaben in ainen vberbeschwerlichen vnwesen vnd pis in etlich hundert tausent gulden gefuert, daneben zu abrichtung ires kriegsvolkh vil tausent gulden also par bezallen vnd haben muessen, damit dann sollich kriegsvolkh entricht vnd aus dem landt gepracht vnd merer schaden, verderben der landtschafft verhuet werden mugen, so sollen die rottmaister oder obleut in ainem yegelichen gericht oder stab auf ain yegeliche feurstat vier gulden Rainisch schlagen. Doch soll der raich den armen vbertragen. Auch diejenigen, so durch die stände des pundts zu Schwabn kriegsuolkh verprent worden oder die, so den aufruerischen nit angehangen noch für sich selbs nit aufruerisch gewest, sonder bey irem landtsfürsten vnd obrigkhait beleybn sein, sollen in diesen anschlag nit angelegt werden, vnd die obleut oder rotmaister sollen sollich vier gulden von ainer yeden feurstat in acht tagen den verordentn pundts räten vnd commisarien zu Salzburg vberantwurtn vnd dabey alle feurstat vnderschidlich vnd aigentlich anzaigen. Was alsdann verrers vnd merers aus ain yegeliche feuerstat geschlagen, das ir sollichs alles zu fristen, wie euch die aufgelegt werden, an verrer ausstandt bezallen vnd entrichten wellet.

Damit aber menigelich sehen vnd spürn müge, das diser ständte des pundts in Schwabn gemuet nit sey, die armen vnpillicherweis beschweren zelassen, das sy auch mit irem krieg nit irn nuz, sonder der iren vnd aller vnderthanen vnd armen leutn fridt vnd wolfart gern sehen vnd suechen wolten, sollen sich gemaine landtschafft des stiffts Salzburg gänzlich versehen, das bed partheyen vnser gnedigisten herrn cardinal auch die vnderthanen bey disen fridn gehandhabt werden sollen vnd, so die von der landtschafft samentlich vnd sonderlich durch vnser gnedigisten herrn vnd andrer irer obrigkhaiten beschwärtn hetn, dieselben mugen sy den commissarien vnd raten des pundts im Schwaben yez zu Salzburg auch fürbringen. In denselben beschwärden, ausserhalb der, so auf jüngstn landtag zu Salzburg abgelegt vnd vertragen sein, soll von stund an nach der pillichait gehandlt vnd gemaine landtschafftn dabey gehandthabt werden, dann ye gemaine ständt des pundts in Schwaben zu dem rechtem fridt, ainigkhait, krieg, vnrue vnd verderben genaigt vnd vrpüttig sein. Vnd beschlieslich damit dannocht sich niemants an vrsach verjagt, beschwärt oder von haus vnd hof, weib vnd khinden vertriben zu sein beclagen müge, ob dann etlich wären, die aus sorg ainer straff sich von iren wonungen gethan hetten vnd yezt nit erschinen vnd doch alles das, so ir yez geschworen vnd bewilligt, auch schwern vnd thuen wolten, demselben soll ain monat zuegelassen sein, also wo sy khamen vnd vor erzelt articl gleicherweis wie es ir schwern, bewilligen vnd volziehen wellen, denselben solle das landt wie andern vergonnt vnd zu iren haben vnd guetern gelassen werden, sy wären dann sonder aufwigler vnd rädlfuerer. Dieselben will man der leibsstraff nit ergeben, damit der gemain arm vnuerständig man fürter nit also in verderben vnd vngehorsam gefürdt werde. Welh auch vber solhe genedig vertröstung vnd zuesagen auspliben vnd in irem muetwillen verhören wellen, dieselben soll man hinfür ausser vnd on wissen gemainer ständte des pundts im Schwaben nit mer einkhumen lassen, sonder inen darzue weib vnd khind nachschickhen. Es soll auch all ir hab vnd gueter vnd gerechtigkhaiten den vorgedachten pundtständten einzeziehen vorbehalten sein vnd zuesteen. Darnach habe vnd wisse sich menigelich zerichten. Anno etc. sechs vnd zwainzigisten.

85 (52).
Missiv aus dem feldläger zu Piesendorf.
2. Juli 1526.

Wir der Römisch kayserlichen vnd Hispanischn kuniglichen maiestaet etc. auch churfürsten, fürsten vnd ander stende des hochloblichen pundts zu Schwaben öbrister veldthaubtman vnd kriegsräte thun euch, den von landt- vnd perkhgerichten Rauris vnd Gastein, auch den vom Pongew vnd Empach zuwissen, das wir euer schreiben des stilstandts vnd gelayts halben empfangen vnd vernomen haben, vnd fuegen euch darauf zuuernemen, das vns khainswegs gebürn wil, vns in ainichen stillstandt gegen euch einzulassen. Wo ir euch aber in gnadt vnd vngnadt des hochloblichen pundts zu Schwaben, wie ander gethan haben, ergeben wellet, so mugt ir vns das morgen zu fruer tagzeit schrifftlich wissen lassen, so soll der vnschuldigen, souil muglich, verschont werden. Wo nit, so werden wir mitler zeit in vnserm fürnemen gegen euch, wie andern des bemelten pundts vngehorsamen vnd widerwertigen, mit der that fürfarn. Mugt ir aber bey den pundtstenden was ausrichten vnd erlangen, dorin wellen wir euch nichts abgeschlagen haben vnd schickhen darauf demselben ewrn gesandten vnser glait bis in vnsern leger hiemit zue. So dieselben zu vns khomen, wellen wir inen alsdann vnser lebentig vnd schrifftlich glait fürter zu den bemelten pundtsräten vnd wider zu vns vnd an ir gewarsam euch geben. Das haben wir euch, dornach haben zurichten, nit verhalten wellen. Datum im veldtleger zu Puesendorf am montag den andern tag des monats julii anno etc. im sechs vnd zwainzigisten.

86 (55.)
Glaitsbrief herrn Burkharts von Embs zu Hochen Embs, obristen feldhaubtmans des Schwäbischen bundts.

2. Juli 1526.

Wir Burckhart von Embs zu der hohen Embs, der Römischkayserlichn vnd Hispanischn künigelichn majestaet auch hochloblichen pundts zu Schwaben vnd vnsers gnedigisten herrn von Salzburg etc. obrister veldhaubtman, vnd khriegs räte bekhennen, das wir vier personen, die von dem perkh- vnd landtgerichtn Rauris vnd Gastein, auch von dem Pongeue vnd Empach zu den pundts räten aines stilstandts halben ausgeschossen vnd abgefertigt sein, vnser freyes sichers gelayt für alle die, der wir vngeuerlich mächtig sein, zu vns in vnserm lager gegeben haben, geben inen das auch hiemit wissentlich in crafft des briefs, also das sy sich von dato an zeraiten, bis sy vns in beruertn vnserm leger khomen, glaitlich halten vnd sich also zu vns verfuegen, so wellen wir sy alsdann fürter zu den berurtn pundts räten auch mit lebentigen vnd schrifftlichn glaidt fürsehen. Des zu vrkhundt haben vnsere petschadt hierunden fürgedruckht. Beschehen im veldleger zu Puesndorf am montag des andern tags julii anno domini etc. im sechs vnd zwainzigisten.

87 (58).
Gratulationsschreiben aus der Gastein Leonhardts Schwär und consorten.
7. Juli 1526.

Vnser freundtlich grues mit guetwilliger dienstbarkhait sey euch alzait beuor. Sonder lieber freundt vnd brueder. Wir haben euern glückhseligen sig in erobrung vnser feindt mit grossen freuden vernomen, das wir (wie pillich ist) gegen got mit dankhparlichen gepettn alzeit lobendt vnd vmb weitter gnad vnd hilf pittundt khain fleiss ersparn wellen. Weitter lieber freundt vnd brueder ist vnser hochfleissig dienstlich pit, wellet vnser in dem pesten imgedenk vnd vns in eroberter peit auch etwas wenigs verhelffen, nachdem (wie ir wisst) wir auch teglich mit grosser müe beladen sein, sonderlich auch mir, Lionhardt Schwär, mit ainem ros hilf erzaigen, dann ich (wie vor augen) nit wol zu fus bin. Wo dann was auskhämb, wer ich mit khainem ros versehen. In solhem allem wellen wir vns euch als vnserm vertrauten bruedern günstlich beuolhen haben in hofnung, ir werd vns nit vergessen. Damit alzeit, was euch dienstlich lieb ist. Datum am sibenden tag julii anno domini etc. im sechs vnd zwainzigisten.

Lionhardt Schwär, haubtman, vnd Hanns N. vnd Jörg N.

88 (90.)
Missiv an die Gasteiner.
8. Juli 1526.

Wir der Römischen kaiserlichen vnd Hispanischn königlichen majestaet auch churfürsten, fürsten vnd ander stende des löblichen pundts zu Schwaben oberister vnd ander khriegs rät yezt im bistumb Salzburg etc. entpieten dem ganzen perck- vnd landtgericht der Gastein, das vns angelangt vnd glaubwirdig khundtschafften zuekhumen seyen, so vnserer feindt gewest vnd durch sy verlassen werden, noch bey euch in der Gastein verhanden seyen etc. Die

weil dann vns zuesteet vnd geburt, in solhem einsehen zehaben vnd
solh guet durch die feindt, wie angezaigt, verlassen worden vnd
nunmals vns zuestendig, so ist vnser ansinnen vnd ernstliche maynung
an euch all vnd ainen yeden besonder, das ir sambt vnd sonder
darob seit vnd verfueget, damit solh guet, wes vnd souil des an
silber geschier, claider, clainat, pöthgewandt, traidt, vich vnd aller
andern varnus in euer aller oder aines yeden gewaltsam khomen vnd
verhanden ist, gegenwürtigen vnserm gesandten, dem Caspar Prastler,
von vnsern wegen sambt vberantwortung aines glaubwirdigen inuen-
tari ermelts guets, was er desselben von euch emphangen wirdet,
zugestellt vnd vberantwort werde. Wellen wir vns also bey verlierung eur aller leib, hab vnd gueter genzlich vnd in ganzen ernst
zu euch versehen, dann, wo das nit beschehen vnd durch euch darin
ainicherlay gäfer braucht, wurden wir nit vmbgeen mugen, weiter
handlung fürzenemen. Wolten wir euch, darnach haben zerichtn, nit
verhalten. Datum im leger zu Täxnpach den achten tag des monats
julii. Anno etc. vicesimo sexto.

89 (97).
Bittschrifft an Matheusen Lang, erzbischoffen zu Salzburg.
31. Juli 1526.

Den hochwirdigistn fürstn vnd herrn herrn Matheusn, der heiligen
Römischen khirchen cardinaln, erzbischouen zu Salzburg, legatn des
stuels zu Rom etc. vnd meinen gnedigen herrn.

Hochwirdigister fürst genedigister herr, vnser gehorsam vnderthenig dienst seyen e. f. g. in aller vnderthenigkhait zuuor berait.
Nachdem vns die aufruerigen pawern jüngst zu ostern bezwungen
haben, das wir vns inen haben zuesagen muessen, vnd darüber noch
höher bedrungen, das wir inen hundert khnecht auf vnser besoldung
ze hilf zuegeschickht haben, dann sy vns mit so scharffen worten
trölich gewesen, dermassen wir hetten e. f. g. auf vnser gelt vnd
besoldung vnd auf iren schaden wol zwayhundert khnecht zu bestellen. Derhalben sollen wir inen zu irem nuz auch souil auf vnser
besoldung halten oder sy wolten das in ander weg bey vns bekhomen. Aus denen vnd vil merern fräflichen geweltigen handlungen
seyen wir bezwungen worden, das wir etlich von den knapn auf-
bracht vnd inen auf acht tag vnd nicht weitter besoldung geben

vnd zuegesagt haben. Als sy aber nach verstreckhung der acht tag anhaymb wellen, haben sy die haubtleut vnd ander der paurn recht fändlfuerer nit abziehen wellen lassen, sonder inen fürgeben, sy wellen wol souil handln mit vns, das wir inen besoldung geben muessten. Genedigister fürst vnd herr. Vnd nachdem nun vergangnes sonntags Caspar Prastler, perckhrichter alhie, laut e. f. g. vnd der pundtsrät beuelh vnd mandat gehandlt, hat er etlich solher knapen, so in dem ersten zug wider e. f. g. von hie aus khainen zwang noch grosser not, dann wie voran zaigt, auf vnser anlangen ausgezogen sein, noch vermög bemelter e. f. g. vnder der pundts voit ernstlichem schreiben fenckhlich angenomen vnd e. f. g. vmb weitern beschaidt vnd beuelch geschriben. Vnd die weil wir dann villeicht solher irer gefänckhnus etwas vrsach sein möchten aus dem, das sy allain auf vnser ersuechen vnd besoldung vnd nit auf der pauern wort oder anhalten, nachdem wir durch die paurn zu solhem bezwungen worden, auszogen sein, ist demnach an e. f. g. vnser vnderthenigistes ersuechen, pitten vnd begern, den grossen zwang, so vns die pawrn, wie obstet, gethan, genedigelich ermessen vnd bedenckhen vnd den mergemelten knapen vnd gesellen in solhem genad erzaigen, sy auch der vngnadt vnd schweren straff begeben vnd begnaden. So werden sy sich on zweifl füran gegen e. f. g. mit vnderthenigister gehorsam halten, darob e. f. g. gefallen tragen werden. Das wellen wir sambt inen vmb e. f. g. lang leben vnd glückhselige regierung vnaufhörig zuuerdienen geflissen sein. Wellen vns hiemit e. f. g. vnderthenigelich beuolhen haben, guetes gewartundt. Datum etc. am erichtag vor vincula Petri im sechs vnd zwainzigistem.
E. f. g.
vnderthenigist gehorsam
N. die gewerckhen des perckhwerchs in der Gastein.

90 (99).
Landtagsausschreiben.
22. October 1526.

Matheus von gots gnaden, cardinal erzbischoue zu Salzburg.
Vnsern grues zuuor. Nachdem sich durch die vergangen aufstendt etwo vil beschwärlicher sachen vnd handlungen, die vns, vnserm stifft, landt vnd leuten obligen, zuetragen auch auf vnserm jüngsten

landtag Martini negstuerschinen gehalten, sonderlich etlich sachen vnd handlungen auf ainen khünfftigen landtag angestellt worden sein, wie dann der abschidt desselben landtags vermag, damit dann in dem allem vnser vnd vnsers stiffts vnd gemainer vnser landtschafft vnd vnderthanen notdurfft verrer bedacht, furgenomen vnd gehandlt werden mug, so haben wir mit zeittigem rate vnser räte vnd des ausschuss von gemainer vnser landtschafft fürgenomen, deshalben ainen gemainen landtag zuhalten, nämblichen auf ain pfinztag nach sant Marteinstag negst khünfftig vnd eruordern dich hiemit auf die pflicht, damit du vns verwonnt bist, empfelhent, das du auf ain mittichen daruor zu abents hie zu Salzburg an der herberg seyest, vnd darnach des morgens zu fruer tagzeit daselbst in vnserm erzbischöflichen hof auf dem obern sall erscheinest, dahin wir die ander von allen ständen vnser landtschafft auch beschriben vnd eruordert haben, vnd wellen also mit dir vnd andern vnsern landtleuten in obgemelten nach vermug des abschidts des jungst gehalten landtags vnd verrer, was das pest für vns, vnser stifft vnd gemaine vnser landtschafft vnd vnderthanen sein wirdet, handln. Vnd bleib nit aussen, darauf wellen wir vns verlassen. Wo du aber aus sonder eehafft ye nit khumen möchtest, das du alsdann zu solhem bestimbten angesetzten landtag dein volkhumen schrifftlichen gewalt auf yemandts hieher schickhest. Damit du dich nachmals halben, was auf solhem landtag fürgenomen vnd beschlossen wirdet, nit ausreden habst noch dardurch sonst ainich verhinderung beschehe, daran thuest du vnser ernstliche mainung. Datum in vnser stat Salzburg am montag nach sant Gallen tag anno domini etc. im sechs vnd zwainzigisten.

91 (96).
Missiv von denen vom perkhwerch zu Gastein.
1526.

Wolgeborner gestrenger genediger herr, vnser gehorsam schuldig dienst seyen e. g. mit genaigter guetwilligkhait allwege beuor. E. g. ist sonder zweifl wol bericht, wie sich erstlich die empörung vnd versamblungen im Pinzgewe wider vnsern genedigisten herrn von Salzburg etc. als landtsfürsten vber den aufgerichten frid vnd vertrag, so der durchleuchtig hochgeborn fürst vnd herr herr Ludwig, herzog in Bairn etc., gemacht hat, erhebt vnd zuetragen, welche versamblung vnd pündtnus sich für vnd für herab erstreckht vnd weiter einzedringen den weg genomen hat, vor derselben wir vns, souil muglich gewesen ist, mit grosser sorgsamer mūe verhütt haben, damit wir vnser treue, glüb vnd aid, so wir bemelten vnserm genedigstn herrn als landtstürsten gethan, als frum getreue gehorsam leut vnd vnderthanen halten vnd volstreckhen möchten, vnd haben vns für vnd für seiner fürstlichen g. hilff, wie vns sein f. g. zuegesagt, vertröst, damit wir vns der pündtnus etwas erweren hetten mögen. Nachdem wir vns aber dermassen also lang enthalten haben, seyen wir mit denselben pündtischen so vast vmbgeben worden, die vns dann mit gewaltiger betroung zum thail gedrungen haben, das wir vns zu inen ergeben haben muessen. Sy hetten vns sonst, nachdem wir inen mit solher khlainen macht wenig widerstandt thuen mögen, zu grossem vnwiderpringlichem verderben vnd in merckhlich geuerlichait pracht. Vnd wiewol wir bisher also in der pündtnus gestanden vnd vns auf vilfeltig ir ersuechen als gehorsam erzaigen haben muessen, so haben wir yedoch vnsers glübs vnd aids gegen vnsern landtsfürsten nie vergessen noch desselben abgestanden, sonder in solhem mit inwendiger beherzigung verharrt, des wir vns dann noch hiemit bekhennen.

So seyen wir auch vor solher aufruer vnserm genedigisten herrn, wo vns sein f. genadt hinzeziehen beschiden hat, willig vnd gehorsam gewesen, als getrewen vnderthanen zethuen geburt, wolten das auch noch bisher gern volstreckht vnd gethan haben, wo wir mit solhem leuffen vnd geuerlichaitn nit vmbgeben vnd bemuet wern worden. Wir haben vns auch in solhen kriegsleuffen gegen bemeltem vnserm gnedigisten herrn in khainen weg widerstrebig gehalten, dann das wir durch streng anhalten in dem zug mit andern kriegsleuten gewesen sein. Sonst haben wir seiner f. g. all ire freyheiten mit fron, wechsl, schmelzen vnd anderm in paiden tellern, Gastein vnd Rauris, vnverhindert on ainig erfierung pleiben lassen vnd, souil muglich gewesen ist, darob gehalten, damit dasselb also pisher von anderen auch vnangegriffen peliben ist, das wir dann noch füran als die gehorsamen getreulich thuen vnd verhuetten wellen.

So hetten wir vns auch lengst gern solhes khriegs entsetzt vnd dauon gestanden, wo wir ainich dapfer errettung gehabt, damit wir on nachtail dauon khumen weren. Dieweil das aber bisher ye nit sein hat mugen vnd sich die zeit anyezun vnser errettung nähet, ist demnach an e. g. vnser vnderthenig hoch vleissig pitt vnd ersuechen, e. g. weile vnser hierin mit genaden vnd im pesten bedenckhen vnd vns solh handlung, so wir aus gewaltiger betroung gethan haben, nit zu vngehorsam noch vngnaden ermessen, sonder vns mit genaden als die gehorsamen aufnemen, so wellen wir vns nachmals halten als die frumen vnd gehorsamen vnderthanen. Sonderlich auch ist vnser diemutig ersuechen an e. g., die welle auch einer ganzen landtschafft mit genaden ingedenckh sein vnd solh ir handlung nit nach vngnaden sonder inen das zum pesten bedenckhen hinzelegen verholffen sein, wie e. g. sonder zweifl wol zethuen wissen, beuorab auch ainer ersamen landtschafft alhie im thal Gastein, die dann sambt vns in solhem fal bezwungenlich khomen ist. Das wellen wir mit aller pillicher gehorsam vmb e. g. zuuerdienen nymer vnuergessen sein. Wellen vns also e. g. im pesten vnd mit genaden zu bedenckhen beuolhen haben vnd gewarten fürderlichs guetes beschaidts vnd antwort etc.

92 (53.)
Supplication an den erzbischoff zu Salzburg.
1526.

Hochwirdigster fürst, genedigster herr. Nachdem in dem ersten der Salzburgischen landtschafft aufstandt, des 25. jars verschinen, gemaine e. f. g. stat Salzburg vnd derselben verwanten bürger gemainer landtschafft, so dazumal im aufstandt versamblt, auf ir der gesanten vleissig pit vnd anhalten gelichen haben in die zwelf tausent fünfhundert etlich mer gulden, vnd aber solh darlehen auf vilfeltig anhalten vnd vnderhandlung von der landtschafft nit bekhumen mögen, so ist an e. f. g. in vnderthenigister gehorsam vnser pit, gnädig mandat ausgeen lassen, damit alle e. f. g. stett, merkht, fleckhen vnd gericht, so in dem bemelten aufstandt verwant gewesen, auf negst khunfftigen von e. f. g. fürgenomen landtag durch die beuelchhaber mit gewalt erscheinen, raittung des darlehens von vns anzenemen, der bezallung halber sich mit vns zuuergleichen. Was dann vns als ainem glidt der landtschafft zugepürt, seind wir vrpütig abzuziehen. Thuen hierauf e. f. g. vns vndertheinigiste gehorsam beuelhen.

Euer fürstlich gnaden
vnderthenigist richter, burgermaister vnd rat der stadt Salzburg.

93 (89).
Gasteinerischer gewaltsbrief.
24. October 1526.

Wir gemainigelich die gerichtsleut des landtgerichts vnd talls zu Gastein bekhennen vnuerschidenlich für vns vnd vnser nachkhomen an disem offen brief vnd thuen khundt menigelich. Nachdem der hochwirdigist fürste vnd herr herr Matheus, der heiligen Römischen kirchen cardinal, erzbischoue zu Salzburg, legat des stuels zu Rom, vnser genedigster herr, ainen landtag zu Salzburg, von wegen gemainer Salzburgischen landtschafft obligen, anderer grossen notdurfftiger vnd anligunden sachen halben yezt auf ain montag nach sant Symon vnd Judas (28. Oktober) zehalten fürgenomen vnd ausgeschriben hat, demnach haben wir dem edlen vnd vesten Davidn Köldrer, vnserm landtrichter alhie, auch dem erbern Cristan Vormoser vnd Veiten Läzn, vnsern mitverwanten vnd angesessen nachpawrn, oder ir yedem in sonderhait in abwesen des andern vnser ganz volkhumen gwalt vnd macht gegeben vnd thuen das auch hiemit wissentlich in crafft dits briefs, das sy an vnser stat vnd in vnser aller namen auf angeregtem landtag zu Salzburg erscheinen, daselbs sambt andern der landtschafft ausschüssen vnd verorndten von den obligen vnd notdürfftigen sachen, darumb solher landtag fürgenomen ist, ze handln, ratschleg ze thuen, zehörn oder anzenemen vnd sonst gemainigelich alles anders, was die notdurfft solhes landtags eruordert vnd gebürlich sein wirdet, von vnsern wegen zehandln, zuesagen, bewilligen, thuen oder lassen, nicht hierin ausgeschlossen, inmas wir dasselb all gegenwürtig gehandlt, zuegesagt hetten, thuen kundtn, solten oder möchten. Vnd was demnach gedachte vnser gwalthaber samentlich oder ir ainer besonder in abwesen des andern handln, zuesagen, thuen oder lassen werden, das geloben wir hiemit alles hinder sich pringen, war, vest, stät vnd vnzerprochen, sy auch in allweg dises gwalts vnd aller handlung on schaden zuhalten. Ob inen auch sonder trefflich hoch sachen zehandln fürkhumen, darzu sy merers gewalts, dann hierin begriffen, notdurfftig sein wurden, denselben allen, wie volkhumen der sein soll, wellen wir inen hiemit ganz völligelich gegeben haben, als wär der nach der allerpesten ordnung aufgericht vnd vergriffen, getreulich on geuerde. Des zu warem vrkhundt haben wir all sament vnd sonderlich mit vleis erpeten den fürnemen vnd weisen N. N. zu Gastein, das er sein aigen insigl hiefur gedruckht hat, doch ime, seinen erben vnd insigl on schaden. Zeugen derselben vnser pete sind die ersamen N. N. N. N. vnd N. N. Vnder bemelts sigil wir vns all samentlich bey vnsern trewen vnd aiden verpinden, inhalt des briefs war, vest vnd stät zehalten, der geben ist am mitwochen vor sant Symon vnd Judas der heiligen zwelfpoten tag. Anno domini etc. im sechs vnd zwainzigisten.

94 (101).
Erzbischöfflicher befelch an Sigmundt Keutschacher, landtrichter in der Gastein.
1526. (October.)

Matheus von gots gnaden, cardinal erzbischoue zu Salzburg. Vnserm getreuen lieben Sigmundten Keutschacher. Vnser grues zuuor. Vns haben vnsere getrew, liebn richter, burgermaister vnd räte vnser stat Salzburg anpracht vnd vnderthenigelich gebetten, wie du aus inligunder supplication vernemen wirdest. Darauf empfelhen wir dir, das du vermelte supplication den vnderthanen deiner verwesung fürhaltest vnd inen beuelhest, das sy iren gwalthabern, so sy auf yez khunfftigen landtag zueschickhen werden, daneben beuelch vnd gwalt geben, in disen sachen mit obgemelter vnser stat auch zehandlen. Vermainte sy aber darwider ainicherlay einredt zuhalten, das dan dieselben ir gwalthaber solhes dem gemelten dem von Salzburg auch anzaigen vnd fürtragen. Daran thuest du vnd sy etc.

95 (102).
Erzbischöfflicher befelch an Sigmundt Keutschacher.
1526. (October.)

Matheus von gotts genaden, cardinal erzbischoue zu Salzburg etc. Vnserm getreuen lieben Sigmundn Keutschacher, landrichter in der Gastein, vnserm rat. Vnsern grues zuuor. Nachdem durch des pundts zu Schwaben verordent commissarien, so jüngst zwischen der gericht, die in dem nägsten aufstandt verwandt gewesen sein, vnd der beschedigtn, als cläger, vmb die zuegefuegten schäden, ain abschidt gemacht vnd derselben schäden halben ain ander tag auf sonntag nach Martini (18. Novbr.) nägst khünfftigen angesezt worden ist dergestalt, das ain yedes derselben gericht durch sein volmächtigen ausschus auf bemelten sonntag vor den gedachten commissarien widerumb zu erscheinen solle mit ainem schrifftlichen gwalt, des dazumal denselben gerichten ain copey zuegestellt ist worden, dauon wir dir auch ain abschrifft hiemit schickhen. Demnach ist vnser beuelch, da du vnsern vnderthanen vnd gerichtsleuten deiner verwesung solhes nochmals anzaigest vnd daran seist, das sy ain ausschus mit solhen schrifftlichen gwalt laut der obgemelten copei auf den angesezten tag gwislich her verordnen. Daneben so las auch offenlich berueffen, das die cläger ir clagen vor dem angesezten tag zeitlich her in vnser canzlay vberantwurten, damit die auf den tag vorhanden sein vnd die commissarien darauf, was pillich ist, handlen mugen. Daran thuest du vnser maynung. Datum in vnser stat etc.

96 (104).
Schreiben Sigmunds von Keutschach, pflegers zu Werffen, an Dauidn Köldrer, landtrichter in der Gastein.
24. October 1526.

Sigmundt von Keutschach, ritter, pfleger vnd brobst zu Werffn. Lieber richter. Hiemit schickh ich eue hierin verschlossen etliche schreiben vnd beuelch von dem hochwirdigsten fürsten, meinem genedigisten herrn von Salzburg etc., auf mich lautendt ausgangen. Dieselben werdet ir seiner inhalt vernemen. Demnach so ist von wegen vnd anstat des hochgedachten meins gnedigisten herrns mein beuelch an eue, ir wellet solichen schreiben vnd beuelchen geleben vnd darnach handln, auch den gerichtsleuten mit verlesung derselbigen vnd sonst, was die notdurfft eraischt, fürhalten, darzu ich mich versehen will. Datum Werffn am mittichen nach Vrsula anno etc. im sechs vnd zwainzigisten.

97 (93).
Gwaltbrief derer Gasteinerischen landtgerichtsleuten.
4. November 1526.

Wir gemainigelich die gerichtsleut des landtgerichts Gastein bekhennen für vns, vnser erben vnd nachkhomen mit disem offen brief, nachdem der hochwirdigst fürst vnd herr herr Matheus, der heiligen Römischen kirchen cardinal, erzbischoue zu Salzburg, legat des stuels zu Rom etc., vnser genedigister herr, ainen landtag auf ein pfintztag nach Martini (15. Novbr.) schirist khünfftig zu Salzburg von wegen gemainer Salzburgischen landtschafft obligen vnd beschwerungen, auch andrer notturftiger sachen vnd handlungen, so auf jüngsts gehalten landtag auf ainen khünfftigen landtag angestellt worden sein, vnd sonderlich etlicher beweglicher vnd trefflicher sachen vnd handlungen halben, so sich zuetragen, zehalten fürgenomen vnd ausgeschriben hat, demnach haben wir den erbern N. N. vnd ir yeden insonderhait in abwesen des andern vnsern mitgerichtsleutn vnd nachpaurn vnser ganz vollkhumen gwalt vnd macht gegeben vnd thuen das auch hiemit wissentlich in crafft ditz briefs, das sy an vnser stat vnd in vnser aller namen auf angeregtem landtag zu Salzburg erscheinen, daselbs sambt andern der landtschafft ausschüssn vnd verordentn von den sachen, darumb solher landtag fürgenomen ist, zehandln, ratschleg ze thuen, ze hörn oder anzenemen, vnser beschwärungen, obligen vnd notdurfftn, wie wir inen die beuolhen vnd anzaigt haben, schrifftlich oder mündtlich, wie sich geburte vnd inen fuegsam sein wirdet, fürzebringen vnd zuermelden, deshalb wendung zu begern vnd pitten vnd sonst gemainigelich alles anders, was die notturfft solhes landtags eruorderten vnd gebürlich sein wirdet, zehandln, zuesagen, bewilligen, thuen oder lassen, nicht hierin ausgeschlossen, inmass wir das selbs all gegenwurtig gehandlt, zuegesagt hetten, thuen khundten, solten oder möchten. Vnd was demnach gedacht vnser gwalthaber samentlich oder ir ainer besonder in abwesen des andern handln, zuesagen, thuen vnd lassen werden, das geloben vnd versprechen wir hiemit on hinter sich pringen, war, vest, stät vnd vnzerprochen, vnd sy auch in alweg dises gewalts oder aller handlung on schaden zu halten. Ob inen auch sonder trefflich hoch sachen zehandln, dann in disem gwaltbrief anzaigt fürkhomen oder sonst von niemandt ausserhalb oder in dem landtag von vnser aller wegen vmb ainicherlay sprüch vnd anuordrung ersuecht vnd sonderlich von wegen gemainer stat Salzburg, darzu sy aines besondern oder mehrern gwalt, dann hierin begriffen, notturfftig sein wurden, denselben allen, wie volkhumen der sein soll, wellen wir inen hiemit ganz völligelich gegeben haben, als wär der nach der allerpesten ordnung aufgericht vnd vergriffen, getreulich on geuerde. Des zu warer vrkhundt haben wir all sament vnd sonderlich mit vleis erpetten den N. N. etc.

Zeugen: Leonhardt Schwär, Rueprecht Tachpuchler vnd Georg Hagendorn, gerichtschreiber.

Actum am sontag vor Martini etc.

Gwalthaber: Michel Kuttl zu Heusing vnd andre am Praüttenperg.

Anmerkung. Hier findet sich unter Nr. 94 folgende Notiz:
Wegen des Türckenkriegs gwalthaber und zeugen.
Gwalthaber: Peter Scheiblpranntter vnd Wolfgang Täxer.
Zeugen: Geörg Hagendorn, Matheus Herrnhueber, Leonhardt Kayser.
Actum am montag vor Dionisy anno domini etc. im neun vnd zwainzigisten.
Von gemainer landtschafft etc.
Es fällt sonach diese eine Nummer aus der Reihe von 1—109 aus

98 (109).
Mandat der beschwerungen der vnderthanen im stifft Salzburg.
20. November 1526.

Wir Matheus von gottes genaden, der heiligen Römischn kirchen cardinal, erzbischoue zu Salzburg, legat des stuels zu Rom etc., empeut allen vnd yedem vnsern haubtleuten, vizthumben, phlegern, bröbsten, landt- vnd perckhrichtern, statrichtern, burgermaistern, räten, gemainden vnd sonst allen andern vnsern vnd des stiffts vnderthanen vnd getrewen vnsern grues vnd gnadt zuuor. Als wir vns auf dem landtag in der vasten negst verschinen mit den stenden vnser vnd vnsers stiffts landtschafft vergleicht vnd genedigelich bewilligt haben, ain lobliche gleichmessige guete landtsordnung vnd pollizei in vnserm fürstenthumb vnd landt aufzurichten, daran wir aber aus dem zuefall des newen aufstandts bisher verhindert worden sein, deshalben auf disem yezt gehalten landtag Martini von aufrichtung solher landtsordnung verrer gehandlt worden vnd fürgenomen ist, dieselb nochmaln zum fürderlichstn aufzurichten. Daneben so ist auch in den vnerledigtn vnserer vnderthanen beschwerungen in beisein vnd mit rate der löblichen stende des pundts zu Schwaben verordentn räten souil gehandlt, das der merer thail derselben beschwerungen auf zimblich weg vergleicht, auch durch vns als herrn vnd landtsfürsten also zuegelassen vnd bewilligt sein, die auch verrer in aufrichtung der newen landtsordnung in dieselb verleibt vnd eingezogen werden sollen. Damit aber vns vnd vnsers stiffts vnderthanen mitler zeit, bis sollich landtsordnung aufgericht wirdet, vber vnd wider sollich yezt beschehen vergleichung gedachter irer fürgebrachte beschwerarticl weiter nit beschwert, sondern denselben gemäss nun fürhin gehalten werden, so hat vns vnd die stende vnser landtschafft für not vnd guet angesehen, sollich vergleichung vnd fürnemen allenthalben in vnserm stifft vnd lande offenlich zuuerkhunden, daneben auch anders, was zu vnderhaltung gueten gehorsam, fridt vnd rue in vnserm stifft diser zeit not sein wil, fürzenemen vnd zuuerordnen, damit sich menigelich darnach zurichten wisse; wie dann von articl zu articl hernachuolgt.

Gaistlichait.

Anfenkhlich als in der beschwerung vnserer vnderthanen etwo vil articl fürkhomen sein, die vnsern heiligen glauben vnd das gaistlich wesen betreffen, darauf ist beschlossen vnd fürgenomen, das es nu fürhin nach ausweisung des bäbstlichen legatn reformacion, auch des Regensburgischen abschidts, vnserer mandaten ver vnd nach den Regensburgischen recess ausgangen, auch nach vermug des recess des jungsten sinodus, hie zu Salzburg im fünff vnd zwainzigisten jar gehalten werden soll, pis durch das heilig Römisch reich vnd ain gemain cristlich concilium darinen verrer ordnung gegeben wirdet, vnd sollen darauf dieselben ausgangen mandat vnd ordnungen durch vnser phleger, richter vnd ambtleut vnd ander vnser nachgesezt oberkhaiten allenthalben in vnserm lande nochmaln vnsern vnderthanen verneurt vnd verkhündt werden, damit sich ain yeder fürpas darnach halt.

Vnd damit khünfftigelich der gotzdienst dannocht an ainem yeden ort gebürlich gehalten, auch vnser vnderthanen dest pas mit gueten pfarrern, vicarien vnd priestern zu irer notturfft versehen werden vnd dieselben ir zimblich vnderhaltung haben mugen, so haben wir vns mit den stendten vnserer landtschafft auch entschlossen, in alle gericht etlich commissari zuuerordnen, zwischen den pfarrern, vicarien vnd priestern vnd den pfarrleuten an allen ortten der pfärrlichen recht vnd zuestandt halben von ainer erbern zimblichen mas zuhandln, dabey sich die pfarrer, vicari vnd ander priester erhalten mugen vnd dannocht den pfarrleuten auch nit beschwerlich sein. Vnd was die commissari also handln werden, dabey soll es khünfftigelich peleiben.

Haubtmanschafft des landts vnd malefitz.

Betreffendt die haubtmanshandlungen vnd die rechtuertigung vnd beuestigung der vbelthetter vnd malefitzigen personen haben wir hieuor in vnserer haubtmanschafft ain gleichmessige gebürliche ordnung aufgericht, auch vns yezo verrer von wegen des costens, so vber die vbeltätter, wann die gericht werden, lautt ainer ordnung entschlossen, wie es nu fürchin in allen vnsern vnd vnsers stiffts gerichten, in vnserm stifft vnd lande, auch sonderlich in denen gerichten, so aus vnserm vnd vnserer vorfordern zuegeben, die hohen gericht vnd malefiz händl selbst zurichten vnd zustraffen haben vnd die in vnser haubtmanschafft pringen, gehalten werden soll.

Nemblich wann ainer hinfüran in den gerichten, darin vnser phleger vnd richter vber die malifitzien sachen für sich selbs nit zurichten haben, in fronfest angenomen wurdet, so soll durch den phleger oder richter an demselben ort gegen demselben gefangen nach rat vnd erkhandnus etlicher erberer leumbdiger nachpern des gerichts mit peinlicher frag gehandlt vnd des gefangen vrgicht fürderlich vnserm haubtman zuegeschickt werden. Derselb vnser haubtman soll alsdann von stund an vnsern landtschreiber an dasselb ort schickhen vnd, wo erfunden wirdet, das der gefangen vmb sein vblthat pillich das malefitz recht vbersteen soll, so soll der landtschreiber füderlich verrer vnserm haubtman zueschreiben; der soll alsdann den panrichter vnd züchtiger zu sollichen rechten an dasselb ort uerordnen vnd schickhen.

Er soll auch in dem yeztgemelten vnd den andern gerichten, so gefreit sein, für die äzung des gefangen der oberkhait bezalt werden ain yede wochen drey schilling phenning vnd dem ambtman von der frag vnd den fürfüerern ain phundt phenning.

So soll vnser landtschreiber vnd panrichter, auch dem züchtiger, nemblich ir yedem für zerung ye auf ain tag vnd nacht zwainzig kreizer gegeben werden. Item dem panrichter für sein besoldung alweg von ainer person ain gulden vnd dem redner, so am ersten das vrtl fellt, vier schilling phenning vnd den andern rednern ainem yeden sechzig phenning vnd dem züchtiger von yeglicher person für strickh vnd handschuech zwen vnd dreissig phenning.

Vnd wo bey ainem malefitzigen, der also beuestigt, souil nit gefunden wirdet, das der dauon gericht werden mag, so soll nu füran halber thail der costung, wie obstect, aus vnserer haubtmanschafft vnd der ander halb tail durch vnser gerichts vnderthanen derselben ende bezalt werden, ausgenomen in den gerichten, die das malefitz

9a

selbst zurichten haben, so sollich costung halb durch die phleger vnd der ander halb thail auch durch die gerichtsvnderthanen ausgericht werden. Doch in wellichem der yeztgemelten gefreitn gerichten die gerichtsvnderthanen in sollichen costung bisher nichts bezalt haben, daselb sollen sy fürpas zu bezalen auch nichts schuldig sein.

Von den zehentn.

Die zehendt, gros vnd klain, auch der may-zehendt sollen, wie von alter her, geraicht vnd gegeben werden. Was aber für vnpillich neuerung darin angezaigt mugen werden, die wellen wir auf verrer lauter vnd gegründt anzaigen vnser vnderthanen genedigelich abschaffen. Es sollen auch die, so zehendt haben vnd dieselben auf ir zehendthöf vnd cästen zusamen pringen vnd sameln lassen, den zehendtleuten zu irer hausnotdurfft, wo sy das begern, den traidt ainlezig mezenweise geben, wie der zu yeder zeit sonst zu failen kauf geet. Dann an den ortten, da der mayzehendt gegeben wirdet, sollen die inhaber der zehendthöf, wie die von alter her zu gamainem prauch der nachperschafft der enden ain bschelln-stier vnd schwainpern gehalten oder anders dagegen den vnderthanen gethan haben, solliches gleicherweise hinfüran auch halten vnd thuen. Als aber die gericht begert haben, das den vnderthanen die zehendt vmb ain zimblichen anschlag bey iren heusern gelassen werden sollten, darauf mag ain yeder sein zehentherrn, dem er den zehendt zu geben, schuldig ist, deshalben ersuechen vnd sich ime vergleichen, wie er gnadt vnd stat findet; doch soll hierin der zehentherr oder grundtherr zu nichts gebunden sein.

Item von den newpruchen soll erst nach dem dritten jar der zehent gegeben werden.

Leibeigenschafft vnd todtfäll.

Der leibaigenschafft vnd todtfäll halben soll es bey dem alten, herzogs Ludwigs von Bairn etc., vertrag peleiben, der dann vermag, das es damit gehalten werden soll, wie von alter herkhumen ist. Doch soll niemandts von newen khein leibaigenschafft vnd todtfall auf den leuten vnd guetern, darauf die vor nit gewesen sein, aufzubringen macht haben. Wo vns auch sollich newerung gründtlich anzaigt werden, wellen wir die auch genedigelich abschaffen.

Paurecht vnd freystifft.

Die paurechten vnd freystifften sollen auch bey altem herkhomen peleiben. Wo aber ain vnderthan darin wider alt herkhomen beschwert vnd vns das lauter angezaigt wirdet, wellen wir darinen auch gebürlich wendung schaffen.

Höherung der zins vnd vberdienst.

Betr. die höherung der zins vnd vberdienst ist durch vns vnd die stende vnser landtschafft beschlossen vnd fürgenomen, das ain yeder, der mit ainer vnpillichen höherung aines zins beschwärt wirdet, vns als landtsfürsten sollich beschwerung vnd newerung lauter anzaigen soll, von wem vnd wie söllich höherung auf das gut khomen ist. Alsdann so wellen wir nach verhör des gründtherrn vnd erfarung der sachen vnd des guets gelegenheit die pillichait verschaffen.

Wo dann ain guet von alter her so gros vberdient vnd durch den holden nit verursacht wäre, sonder das solliches durch ander zuefäll, als gwässer, pleikhen oder anders sich begeben hat, vnd durch den grundtherrn darinen nit einsehung bescheche, so wellen wir als landtsfürst auf des beschwerten anpringen deshalben beschau verordnen vnd nach gehaltner beschau nach zimblichen dingen in dem dienst mässigung thuen.

Item die zinsgueter, darauf die inhaber verschriben oder lang hergebracht gerechtigkheiten haben, sollen durch die grundtherrn nicht gesteigert werden.

Herwiderumb so soll auch in des grundtherrn macht wol steen, so ain guet, darauf der inhaber nichts dann freye stifft oder freye vbergerechtigkhait oder leibgeding gehabt, fellig oder ledig wirdet, dasselb fürter so hoh er mag zuuerlassen vnd den zyns seiner gelegenhait nach zumyndern oder zumern.

Item wo mit der zeit ainicherlay vberzins auf die gueter khomen wären, also das die inhaber der gueter zu zeitn aus armuet oder sonst ain vberzins darauf verkhaufft hetten, so soll dem inhaber ains yeden guets die losung solliches vberzins nochmals beuorsteen, nämblich wie sollicher vberzins verkhaufft ist oder, wo die khaufsuma nit bewist wär, alsdann nach dem gemainen anschlag, wie ain phundtsgelts sonst verkaufft wirdet.

Der schreibphenning vnd stift trinckgelt halben.

Damit vnser vnderthanen in disem fall vor khünfftiger beschwerung auch verhuet werden, so haben wir vns mit den stenden vnser landtschafft vergleicht vnd entschlossen, das hinfüran dise mass hierinen gehalten werden: nemblich so soll ain yeder von einem guet oder ainem grundt, darauf von alter her sollich schreibphenning vnd stifftwein ligen, hinfüran seinem grundtherrn zugeben schuldig sein nemblich zu schreibgelt zwen phenning vnd für den stifftwein zwainzig phenning vnd darüber nit.

Wo aber bisher von den guetern vnd gründten für den stifftwein nur sechzehen phenning oder weniger gegeben worden ist, dabey soll es hinfüran auch pleiben.

Was dann söllheuser sein, die von alter her dergleichen stifttrinckgeld gegeben haben, dauon soll hinfüran für sollich trinckgelt acht phenning gegeben werden.

Von den anlaitten.

Die anlaitten sollen hinfüran vngeuerlich wie pisher vns vnd andern grundtherrn durch vnser vnd ir vrbar leut, holden vnd hindersässen von den fälligen guetern vnd gründten geraicht, doch sollen sollich anlaiten durch vnsern hofmaister vnd officier, auch die andern grundtherrn vnd ir ambtleut nach erbern zimblichen dingen getedingt vnd genomen werden, damit sich die vnderthanen vnpillicher newerung vnd schäzung darinen nit zu beclagen haben.

Wo aber auch fürter jemandts durch vnser officier oder ander grundtherrn vnd ir ambtleut in den anlaitten wider pillichait beschwert wurde, so wellen wir als landtsfürst durch vns oder vnser stathalter vnd räte zu yeder zeit auf des beschwertten ersuechen darinen genedig einsehen vnd mässigung thuen.

Als sich aber vnser vrbarleut vnder andern der nach-anlaitten, so vnser bröbst vnd ambtleut an etlichen ortten bisher gehabt, beschwärt haben, wiewol ine betedigung vnserer anlaitten sollich vnserer bröbst vnd ambtleut nach-anlaiten durch vnsern hofmaister vnd officier alweg bedacht vnd für vnser anlait vmb souil weniger genomen, auch solliches also von alter her ye vnd alweg gehalten worden vnd khain newerung ist, nicht desto mynder khünfftig irrung vnd beschwärung, so zu zeiten aus sollicher zwifacher raichung der anlaitten eruolgt ist, wellen wir khünfftigelich verordnen vnd daran sein, das vnser anlait auch vnser pröbst vnd ambtleut nach-anlait bed miteinander hinfüran durch vnsern hofmaister vnd officier von merer richtigkhait wegen in ainer anlait, doch nach pillichen zimblichen dingen vmb souil dest höher getedingt vnd genomen werden sollen. Aus derselben anlait soll alsdann vnsern bröbsten vnd ambtleuten der halb oder dritt tail, darnach die nach -anlait an yedem ort gebreuchig gewesen ist, zuesteen vnd veruolgen.

Es soll auch in den fällen vnserer vrbarleut hinfüran also gehalten werden, nemblich wenn ain vrbarsmann mit todt abgeet, so sollen seine kynder oder negst erben all mit einander für sollichen fall schuldig sein ain anlait.

Vnd so sich dieselben vor der ersten oder negsten stifft ainer person, die durch vbergab ir der erben vrbarsgerechtigkheiten an das gantz vrbar khumbt miteinander vergleichen vnd also zwen fell zweyer anlaiten durch sollich vbergab vnd veränderung aines vrbarguets oder andern guets halben in der ersten stifft mit einander fürkhomen, so soll hinfüran für sollichen andern fall in der ersten stifft nur halbe anlait genomen werden.

Wo sich aber die kinder oder erben von der ersten stifft aines inhabers, dem sy ire thail vbergeben oder verkhauffen, nit vergleichen, sonder ainen von ir aller wegen auf das guet sezen, so soll es bey der ersten anlait allain peleiben vnd alsdann ainis aus inen vnuerzigen der andern in das vrbar geschriben werden.

Vnd wo sich dieselben erben nachuolgendt vber khurz oder lang aines inhabers vergleichen oder sonst durch todtfall, verkhauff oder vbergab aines oder ir mer oder ir aller thail verändert werden, so sollen allain der oder die thail, damit sich also die veränrung begibt, geanlait werden, auch nit vmb mer oder höher, dann souil aus der ersten ganzen anlait auf ain thail gebürt.

Es sollen auch all ander grundtherrn dise mas gegen iren vrbarleuten, holden vnd hindtersassen also halten; doch welliche grundtherrn gegen iren vrbarleuten, holden vnd hindersassen der anlaiten in zwifachen tall, wie obsteet, bisher nit im gebrauch gewesen sein, sonder allain ain anlait von den erben samentlich vnd dem besizer, dem sy ir gerechtigkhaiten verrer verkhauffen oder vbergeben, in der ersten stifft genomen haben, dabey soll es hinfüran auch peleiben vnd die vnderthanen von newem nit damit beschwerdt werden.

Der bröbst vnd ambtleut traggelt halben.

Item für ain traggelt soll hinfüran in vnsern vnd vnsers stiffts brobsteyen vnd ämbtern nur vier kreizer gegeben werden. Es sollen auch sölliche traggelt nit nach der menig der erben, sonder nach menig der fäll, auch, so der erben mer sein, von inen allen nur ain traggelt gegeben werden.

Vrbar einschreib gelt.

Von dem einschreiben vnserer vrbar leut in vnser vrbar haben vnser hofmaister, hofschreiber vnd ander vnser officier von alter her für ir gerechtigkhait ain einschreibgelt gehabt vnd bisher von den vrbarleuten genomen. Söllich einschreibgelt, die weil das khain newerung ist, soll bemelten vnsern officierern durch vnser vrbarleut hinfüran auch gegeben werden, doch allain nach menig der fäll vnd anlaitten, auch der gueter vnd gründt, die ir vnderschidliche dienst in den vrbarn haben vnd nit nach menig der erben, also wann der erben zu ainem vrbarguet oder grundt mer dann ainer sein vnd, obgleich ir yeder in das vrbar geschriben wirdet, so sollen sy doch all mitainander von ainem fall aines guets oder andern grundts, der sein vndterschidtlich dienst in dem vrbar hat, nur ain einschreibgelt geben, das ist nemblichen in vnsern brobsteien im Zillertal vnd Brixenthal neun kreizer vnd sonst in allen andern brobsteyen vnd ämbtern acht kreuzer. Es soll auch von andern grundtherrn, die des einschreibgelts bey iren vrbarn bisher auch im gebrauch gewesen sein, die ordnung, wie obsteet, gehalten, doch soll sollich schreibgelt bey der suma, wie der ain yeder in gebrauch ist, beleiben.

Willen gelt.

Des willen gelts halben soll es hinfüran also gehalten werden, nemblich, wann sich begibt, das ain vrbars man oder ain andrer hindersäss, vns oder andern gruntherrn zuegehörig, zu zeiten vnuogper khinder hinter sein vberläs, die dem guet nit vor sein mugen, desgleichen, wann ainer mer gueter hat, vnd dieselben mit aigen ruggen selbst nit besizen mag vnd deshalben söllich gueter mit vnserer bröbst vnd ambtleut oder anderer grundtherrn bewilligung auf ain anzall jar ainem andern bestandsweis verlassen oder wo ye zuzeiten ain vrbarsman oder anderer hindtersäss durch kranckhait, prunst, gewässer oder schauer in armuet khombt vnd seiner notturfft nach ain stuckh aus seinem vrbar oder anderm guet, das er mit dem wenigisten nachtail empern mag, auf ain anzal jar vnd auf widerlosung versezen wil vnd mues, darinen doch vnser bröbst vnd ambtleut alzeit ir guet erfarung haben, auch söllich verlassung vnd verpfendtung der gueter vnd gründt ausserhalb oberzellter vrsachen vnd eehafft khainswegs gestatten sollen, so sollen vnser bröbst vnd ambtleut, auch ander grundtherrn, so sy in ain sölliche verlassung vnd verpfendtung bewilligen, von sollichem irem willen vngeuerlich auf fünff jar, auch für das sigill vnd den brief, so darüber aufgericht wirdet, ain gulden oder ain phundt phenning nemen vnd nit mer; wärn dann der jar weniger oder ain vrbarguet oder grundt so schlecht vnd ains klain wert, so soll der vrbarsman oder hindtersäss darinen mit ainer ringerung nach zimblichen dingen bedacht werden.

Siglgelt vnd schreibgelt von brieflichen vrkhunden.

Nachdem in den beschwerungen vnserer vnderthanen auch fürkhomen ist, das sy in aufrichtung der brieflichen vrkhunden, auch mit überflüssigen sigl vnd schreibgelt in mangerlay wege bisher beschwert worden sein vnd aber diser articl etwo vil anheng hat, derhalb die notdurfft eruordern wil, mit zeitigem rate in aufrichtung der newen landtsordnung verrer gebürlich mas vnd ordnung darinen fürzenemen. Damit aber dannocht vnser vnderthanen mitler zeit, als vil muglich ist, vor vnpillicher beschwerung verhuett werden, so haben wir vns mit den stenden vnserer landtschafft, bis die new landtsordnung aufgericht wirdet, ainer söllichen mas entschlossen: nemblich das vnser vnderthanen hinfüran die nachuolgenden brief aufzurichten schuldig sein sollen als vmb kheüff, heyrat, vbergab, verzicht, schulden, auch verweisung, wechsl vnd austrag, aber sonst aller anderer brief halben, wo die nach gelegenhait der fäll vnd sachen nit so gar not sein, soll es in vnserer vnderthanen willen sein, solliche brief aufzurichten vnd zunemen.

Es soll auch für die brief, so auf pergamen geschriben werden, als nemblich vmb khauf, heyrat, vbergab, verzicht vnd was sonst für brief der notturfft nach auf pergamen geschriben werden muessen, nemblich wo die sach, darumben derselben brief ainer aufgericht pis in fünffzig gulden oder darüber betrifft, für das sigill ain phundt phenning vnd, wo die haubtsach hindter fünffzig gulden trifft, alsdann für das sigill sechs schilling phenning vnd für das schreibgelt fünffzehen creuzer genomen werden, vnd von einem papieren brief für das sigill vier schilling phenning vnd zu schreibgelt acht oder zehen kreuzer, darnach der geschrifft vil sein mues. Wo dann zu zeiten ain vnderthan ain brief aufzurichten begert vmb schlechte sach vndter der gerichtsobrigkhait oder des grundtherrn petschafft, das soll ainem yeden stat than vnd für das petschafft bezalt werden sechzig phenning. An wellichen ortten aber von alter vnd bisher durch vnser ambtleut oder ander grundtherrn für sigill vnd schreibgelt von den brieflichen vrkhundten weniger, dann wie obsteet, genomen worden ist, dabey soll es hinfüran auch pleiben vnd die vnderthanen mit khainer neuerung beschwerdt werden.

Item, so ain vnderthan zu ainem guet zwen oder mer grundtherrn hat, vnd sich ain fall deshalben zueträgt, das ain brief aufgericht vnd besiglt werden, so soll sollicher brief durch die grundtherrn miteinander besiglt vnd inen miteinander nur ain siglgelt bezalt werden, dauon ainem yeden, souil sich zu gleichem thail auf den zins, so er auf dem guet oder grundt hat, gebürt, zusteen soll.

Item so auch ain hindersas von vns oder andern grundtherrn zu ainem guet etlich ander grundt hat, die vns oder ainem andern grundtherrn allain zugehörig, auch die vnderschidtlich verzinst, so sollen vnser pröbst vnd ambtleut, auch die grundtherrn, so sich ain fall mit dem inhaber begibt, sollich guet vnd die ainlezigen gründt doch vnderschidlich mit iren nämen vnd dienstn in ain brief khomen lassen vnd der hindersas nit schuldig sein, vmb ain yedes stuckh ain sondern brief aufzurichten vnd zunemen.

Schmalz vnd käs dienst.

Die weil wir vnd andre grundtherrn von den stenden vnserer landtschafft des schmalz vnd käs dienst so lang in gebrauch sein, so khan darinen khain veränderung beschehen, es wär dann, das ain vnderthan vber das, so die vber schmalz vnd käs register vermugen, durch vnser bröbst vnd ambtleut oder durch ander grundtherrn oder ir ambtleut vnd diener in einpringung sollicher schmalz und käs dienst mit vnpillicher newerung bisher beschwärt worden wär oder noch beschwerdt wurde. Darinen wellen wir auf des beschwertten ersuchen vnd sein anzaigen, von wemb vnd wie er beschwerdt wirdet, ernstlich vnd genedig einsehen haben.

Traidt anschleg.

Nachdem durch vnser vnderthanen vnderthenigelich gepetten worden ist, inen ab den cästen in vnserm lande den getraidt zu irer notdurfft in ainem zimblichen anschlag ainlezig zu geben, darauf haben wir mit den stenden vnserer landtschafft bis auf verrer vnser wolgefallen genedigelich entschlossen, das ab vnsern vnd anderer grundtherrn cästen im lande vnsern vnd iren vnderthanen zu irer hausnotdurfft der traidt ainlezig, so uerr sy den sonst zu faylem khauf nit finden khinen, in ainem zimblichen anschlag gegeben werden soll. Wo auch wir zu zeiten vnsern ambtleuten vnsern traidt mitainander in anschlegen geben wurden, so soll darnach in söllichen anschlegen vorbehalten vnd ausgedingt werden, wo yemandts vnserer vrbar leut ains traidts zu hausnotturfft bedurffen wurde, das alsdann die ambtleut inen sollichen traid, nemblichen den schweren ain mezn vmb ain khreuzer vnd den ringen ain mezen vmb zwen phenning vnd nit höher vber den anschlag, so ain ambtman zu yeder zeit von vns haben wirdet, zu geben auch schuldig sein solle. Doch sollen die vnderthanen sollichen getraidt allain zu haus notturfft gebrauchen vnd khain fürkhauff damit treiben.

Grundtzins.

Item so ain haus auf ain grundt paut wirdet, dauor khain haus gestanden ist, so soll der zins allain von dem grundt vnd nit von dem haus geschriben vnd geben, auch, so es zu fällen khombt, allain die grundtgült veranlait werden. So aber das haus des grundtherrn aigen wirdet, so mag er damit handln seins gefallens.

Einfeng vnd hofstet.

Die einfeng vnd hofstet sein bisher auf der frey vnd gemain durch vnser vnd vnserer vorfordern gueter gedechtnus hofmaister von vnsern als landtsfürsten wegen zu zeiten aus mangl der herbergen, sonderlichen an den ortten, da perckhwerch sein, aufzufachen vergundt worden, doch alweg mit vorwissen vnd zu zeiten auch auf fürpete der nachparschafft derselben ort. Das wellen wir hinfüro auch thuen, doch daneben bey vnserm hofmaister daran sein, das solliches mit genuegsamer erkhundigung vnd on sondern nachtail der nachparschafft beschehe vnd sonderlich, das der nachperschafft an irem pluembgesuech, des sich dieselben sölheuser mit irem vich zu zeiten vbermessigelich gebrauchen, verschont werde. Darin wir dann, so wir ersuecht werden, alzeit genedig wendung verschaffen wellen. Wo aber ainich einfang on vnser oder vnserer vnd vnserer vorfordern hofmaister bewilligung innerhalb zwainzig jaren beschehen wären, dieselben einfeng vnd sölheuser, wo vns die angezaigt werden, wellen wir von stund an abschaffen.

Das die ambtleut nit khauſmanschafft treiben noch sonst die vnderthanen beschwären.

Nachdem auch in den beschwerungen vnserer vnderthanen fürkhomen ist, das vnser phleger, bröbst, ambtleut, landtrichter vnd ir verweser mit dem fürkhauff der phenwert vnd in ander weg vnsern vnderthanen zu beschwerung handtierung vnd khaufmanschafft treiben, darauf ist vnser ernstliche maynung vnd wellen, das fürter khainer vnser phleger, bröbst, ambtleut, richter vnd derselben verweser sich khainerlay gewerb vnd khaufmanschafft in iren verwaltungen nit gebrauchen, noch auch die vnderthanen dringen, die hochzeiten vnd ander zusamengeng bey inen zehalten vnd zerung zethuen, sonder allain ire ambtsverwaltungen auswarten. Wo sich aber ainer oder mer des fürter nit massen, sonder vber dise vnser ordnung vngehorsam halten oder sonst in ander weg vnser vnderthanen vnpillicherweise beschweren wurden, darin wellen wir als herr vnd landtsfürst, so vns das anpracht wirdet, alzeit ernstlich einsehen haben vnd den beschwertn genedige wendung thuen, auch dieselben vnser phleger, bröbst, ambtleut, richter vnd ir verweser darumben nach vngnaden straffen.

Jagen vnd vischen.

Dieweil die gejaid vnd vischereyen ain anhang vnserer landtsfürstlichen obrigkhait vnd von alter ye vnd alweg vber aller menschen gedechtnus in dem pan gewesen, auch vns in dem jüngsten herzog Ludwigs von Bairn etc. vertrag vorbehalten sein, so behalten wir als herr vnd landtsfürst vns die nochmals beuor. Doch damit vnser vnderthanen auch zum wenigsten von dem wildpret beschedigt werden, so lassen wir inen zue, das ain yeder bey seinem guet ain hund halten vnd damit das wildpret aus seinen gründtn schreckhen mug. Doch sollen dieselben hund zu der zeit, als das wildpret sezt, geprüglt, auch zu windterzeit, so die schneegefell vor augen sein, alweg bey den heusern bey schwerer straff angelegt werden. Aber die pern, wölf vnd lux sollen in der gemain zu jagen vnd zu fahen frey sein; dabey soll es hinfüro auch pleiben vnd darin khain newerung gemacht werden.

Reyss gejaid.

Die rais gejaidt sollen durch vnser phleger, bröbst, richter vnd ambtleut, die des in geprauch sein, an den wälden vnd försten ir yedes verwesung, daran sy von alter her vmb beständt verlassen haben, hinfüran wie bisher verlassen werden. Doch sollen sy darinen khain newerung geprauchen. Es sollen auch die vörster, die also die reisgejaidtsrecht besteen, das fliegendt wildpret zu der zeit des pruets, so ain yedes phalzt, nit schiessen noch fahen, bey ainer peen ains phundts pfenning, so er darüber mit ainem sollichen wildpret in der pruetzeit betretten wirdet.

Aber die clain vögel, auch die tauben, ambstl, drüschlt etc. sollen in der gemain mit dem laimb, hurden vnd pögen zu fahen erlaubt sein, doch auch aines yeden jars erst nach verscheinung sant Johanns tag zu sunwenden vnd vor nit, bey der straff ains phundt phenning.

Das die ledigen vnd unangesessen nit khaufmanschafft treiben.

Item die ledigen vnd vnangesessen leut, auch die paurn sün vnd dienstpoten sollen sich fürter khainer khaufmanschafft vnd handtierung vndersteen, noch die haimblich oder offenlich treiben. Wo aber ainer damit betretten wirdet, so soll er vmb die war, damit er söllich khaufmanschafft treibt, in vnser haubtmanschafft verfallen sein, vnd darzu nach vngnaden gestrafft werden.

Fail fleisch vnd prot auf dem landte.

Vns ist auch in den beschwärungen vnserer vnderthanen fürkhomen, das die mezger vnd peckhn auf dem lande mit dem failn fleisch vnd prot dem gemainen man vast beschweren, also das sy den leuten ir gelt mit sollichem fleisch vnd prot nach gelegenhait der kheuff des viehs vnd getraidts nit vergleichen. Demnach so schaffen wir mit ew, vnsern phlegern, richtern vnd ambtleuten ernstlich vnd wellen, das ain yeder in dem gericht seiner verwesung auf söllich mezger vnd peckhn sein vleissig aufmercken hab vnd daran sey, das sy mit dem fleisch vnd prot zu yeder zeit den gemainen khauf des viehs vnd getraidts gemäs vnsern vnderthanen iren phenning vergelten vnd khain vnpilliche schäzung darin gebrauchen, deshalben ir dann durch euch oder eur nachgesezt ambtleut derselben fleischhackh vnd pecklien penck vnd laden offt besehen vnd hierinen guet erfarnus haben lassen sollet.

Das die oberkhait ain fräfel oder handl straffen mug on ain ancläger.

Item ain phleger oder richter mag ain fräfl oder handl on ain ancläger woll straffen, wo sich gleich die thail selbst guetlich mitainander vertragen. So gibt auch der alt herzog Ludwigs spruchbrief zue, wo sich ain handl vmb erber sachen zwischen den vnderthanen zuetreyt vnd dem gericht nit clagt, sonder durch die nachpern vertragen vnd hingelegt wirdet, das dannocht die parthey, die durch der nachpern richtung vnrecht gefunden, dem richter angesagt vnd abtrag schuldig sein solle.

Vänckhnus in bürgerlichen sachen.

Item wo ain angesessner vmb burgerlich erber sachen angesprochen vnd für die obrigkhait gewendt wirdet, von demselben, so es not thuet, soll zimblich purgschafft vnd glübd angenomen werden, es wär dann, das ainer sich gegen dem gericht vngehorsam gehalten oder sonst vmb ain verhandlung mit vänckhnus pillich gestrafft wurdt.

Es soll auch khain phleger noch richter khainen mit vänckhnus zu ainer teding eins vbermessigen wandtls wider die eehafft vnd dem gemainen landtsprauch dringen. So auch ain armer mensch sich in ainem wandl beschwärt bedunckht, so soll ime der zuegang zu vns oder zu vnsern stathaltern vnd räten alzeit beuorsteen vnd ime der durch khainen phleger oder richter nit gesperet werden, bis wir mit mererem rate in der newen landtsordnung weiter gebürlich mas der wändl halben fürnemen.

Von verlust vnd fürfang wegen.

Item so ainer seinem guet, das ime gestollen vnd emphrembt wirdet, selbst nachkhombt vnd zuegreifft, der soll des fürgangs frey sein. Wo aber söllich verloren guet durch das gericht oder ander verkhundtschafft wirdet, so soll er dem gericht derselben ort, do das betretten wirdet, zu fürgang geben zwen vnd sibenzig phenning vnd alsdann mit desselben gerichts bewilligung sollichem seinem guet verrer nachkhomen vnd das zu seinen handen pringen.

Gesichtsfuetterung.

Die gerichtsfuetterung in den gerichten soll hinfüran, wie von alter her, gegeben werden. Wo aber darin durch phleger oder ander ambtleut ain newerung gebraucht vnd vns die angebracht wirdet, so wellen wir die genedigelich abschaffen vnd vnser vnderthanen damit zu beschweren nit gestatten.

Den vberflus in den claidern abzethuen.

Nachdem der vberflus der klaidung vnder dem gemainen paursman vnd ledigen knechten vnd dienern auf dem lande bisher in khurzer zeit vast eingerissen, dadurch auch der gemain man vast verarmbt vnd durch die landtfarenden Schotten vnd Saffoyer an dem gelt ersaigert wirdet, des halben vns gemainigelich die gericht vmb genedige einsehung vnderthenigelich gepeten haben, demnach so haben wir vns mit den stenden vnserer landtschafft vnsern landen vnd leuten zu aufnemen diser mas entschlossen, ordnen auch vnd wellen, das nun füranhin auf dem lande vnsers stiffts durch den gemainen pawrsman auch sein weib vnd khinder vnd eehalten khain samet auf den röckhen, auch khain goldt in den khrägen vnd in den schlairleistl, noch auch die seiden wamas, pirret, getailt oder zerschnitten hosen vnd wamas nit getragen werden sollen.

Es soll auch khain paursman fürpas ime, sein weib vnd khindern teurer tuech khauffen, dann vngeuerlich die gemain lofrer sein.

Doch was ainer vber disem fürnemen khaufft vnd in sein gwalt pracht hatte, das soll im zimblich zutragen erlaubt sein, pis sollich woll zerrissen wirdet.

Es soll auch den khnappen in den perckhwerchen hinfüran die pirret vnd getailtn claider zu tragen erlaubt sein.

Hochzeitn vnd gemain tanz.

Nachdem in den hochzeiten ain zeit her auch ain grosse costen vnd vberflus gebraucht vnd der gemain man an seinem vermugen dardurch auf vast ersaigert worden ist, so geben wir der hochzeitn halben fürpas dise ordnung vnd wellen, das hin füran ain paursman auf dem lande nit mer dann drey tisch zu hochzeit haben, auch nit mer dann ain mal vnd vber fünff oder sechs richten nit geben soll. Es soll auch ain chorfolckh nit vber fünffzehen khreuzer zu weisat schenckhen.

Es sollen auch ausserhalb der hochzeitn als gemain tänz bey den tafernen vnd andern ortten in stetten vnd märckhten, auch auf dem lande verpoten vnd durch vnser phleger, richter vnd ambtleut nit gestatt werden, bey vermeidung vnser straff.

Die sündten vnd laster zuuermeidten.

Vnd dieweil ain zeither die sünden vnd laster laider allenthalben vast eingerissen, deshalben der almechtig got erzirnet vnd etwo vil straffen, als mit khriegen, sterben vnd verderben auch yezo durch den grausamen wuetterich, den Türckhen, vber vil landt vnd leut in khurzer zeit hat geen lassen, das dann pillich ain yedes cristenmensch beherzigen vnd sich von sollichen sünden vnd lastern abwenden vnd zu got khern soll, demnach so wellen wir auch aus schuldiger pflicht hiemit alle vnd yede vnser vnderthanen gaistlich vnd weltlich mit allem ernst vnd vleis ermant haben, das ain yeder solliches getreulich vnd mitleidich beherzigen vnd bedenckhen vnd fürpas die sünden vnd laster vermaiden vnd got dem allmechtigen zugefallen, eern vnd lob leben welle. Wir gebietten auch hiemit allen vnd yeden vnsern nachgesezten oberkhaiten, gaistlichen vnd werltlichen, in stetten, märckhten vnd gerichten ernstlich vnd wellen, das sy in iren verwaltungen vnd gerichtszwangen auf die offenwaren sünden vnd lester mit allem ernst sehen vnd die jenen, die sich derselben nit massn wellen, an leib vnd guet darumben schwerlich straffen vnd derjenen niemants verschonen.

Dise obgemelten articl all vnd yede sollen also pas zu aufrichtung der neuen landtsordnung in vnserm stifft vnd lande vestigelich gehalten werden, in wellicher landtsordnung dann sonderlich von ainichen gueten ordenlichen landtsknechten vnd gericht proces, auch des fürkhauffs vnd anderer gueter polizey halben, die zu aufnemung gemaines landts dienstlich sein werden, verrer notdurfft fürsehung beschehen soll. Doch so behalten wir vns hierinen beuor, die obgemelten fürnemen vnd articl mit vorwissen vnd räte der stende vnser landtschafft alzeit zu myndern, zu mern vnd zu muessigen, wie dann das vnser vnd vnsers stiffts notturfft vnd gelegenhait zu yeder zeit sein wirdet, on geuerde.

Vnd gebieten darauf euch allen vnd yeden vnsern haubtleuten, vizthumben, phlegern, bröbsten, ambtleuten vnd iren verwesern, landt- vnd perckhrichtern, statrichtern, burgermaistern, räten, gemainden vnd sonst allen andern vnsern vnderthanen vnd getrewen ernstlich vnd wellen, das ir sollichen articln vnd fürnemen, wie obsteet, in allen vnd yedlichen iren inhaltungen nun hinfüran gehorsamblich gelebet vnd nachkhomet, die auch allenthalben in eurn gerichten vnd verwaltungen vestigelich haltet vnd handthabet, exequirt vnd volziehet vnd dawider nit thuet, noch das yemandts anderm zethuen gestattet in khain weis, bey vermaidung vnserer schweren vngnad vnd straff. Darnach wisse sich ain yeder zu richten. Ir thuet auch daran vnser ernstliche maynung. Datum in vnser stat Salzburg vnder vnserm hiefürgedruckhten secret am zwainzigisten tag nouembris anno domini etc. im sechs vnd zwainzigisten.

99 (100).
Bittschrift an Matheum Lang, erzbischoffen zu Salzburg.
1526. (November.)

Hochwirdigister fürst, genedigister herr. Wir arm e. f. g. vnderthanen pitten e. f. g. vnderthenigistes vleis, dis vnser anpringen genedigelich zu vernemen. E. f. g. seyen sonder zweifl wol bericht, wie wir aus grossem gwalt vnd zwang zu den aufruerigen vnd pundtischen aus dem Pinzgew bedrungen worden sein, das wir dise zeit her von inen in menigfeltig beschwärdt vnd vberladen worden sein, das vns nun noch zu vngehorsam vnd grosse misstat ermessen wirdet. Vnd so aber jüngstlich die huldigung zu Rastat beschehen vnd wir wider laut derselben fürhaltung aufgenomen sein, ist vns sambt andern vnder derselben huldigung articln aufgeladen vnd eingebunden worden, das ain yde feurstat inner den nächsten achtagen, von bemelter huldigung an zeraiten, vier gulden Reinisch geben vnd raichen solle. Es haben auch darauf des hochloblichen pundts zu Schwaben räte etc. ire schrifftliche beuelch derhalben an vns gethan, das wir vns in solhem on verzug gehorsamlich erzaigen sollen. Dieselben beuelch wir dann gehorsamblich angenomen vnd vns vnder einander, souil muglich gewest, angezaigtem beuelch nachzekhomen bemuet haben. Nachdem aber wir als die armen burger, die allain nur schlechte heusl vnd wohnungen vnd vns mit harter arbait kaum die narung erorbern mugen vnd sonst anders khain gewingnus noch gewerb haben, solh gelt in khainen weg alles zugeben vermugen, angesehen, das etlichs haus oder villeicht derselben zway khaum souil gelts werdt sein, beuorab so vns das so mit grosser eyl aufgeladen ist.

Vnd wo villeicht ainer das kunfftigelich mit seiner arbait erobert, so möchten wir dennocht durch solh vnser armuet das, wie angezaigt, gelt nit alles oder von stund an geben mugen, für vngehorsam geacht werden, das wir doch mit willen nit thuen wolten, wo vns das anders muglich wer. Demnach ist an e. f. g. vnser vnderthenigistes pitten vnd ersuechen, e. f. g. die wellen vnser armuet vnd not hierin bedencklien vnd bey bemelten pundtstendten genedigelich verholffen sein, damit vnser als der armen mit dem pesten verschont werde, dann wo wir armen solh gelt neben den vermugendten geben, muessten wir not halben solh vnser klaine heuser vnd wonungen verlassen. Indem versehen wir vns zu e. f. g. in aller vnderthenigkhait genediger hilf, wellen wir mit aller gepürlicher gehorsam, wie pillich ist, vnd mit vnserm armen gepet gegen got vmb e. f. g. lang werenden regierung zuuerdienen geflissen sein, mit vnderthenigister gehorsam in e. f. g. schuz vnd schirm beuelhundt.

E. f. g.   vnderthenigist vnd gehorsam

N. die arm burger des marckhts Hof in der Gastein.

100 (103).
Bittschrifft an Matheum Lang, erzbischofen zu Salzburg.
1526. (November.)

Hochwürdigister fürst, genedigister herr. Wir, eur fürstlichen genaden gehorsam vnderthanen, pitten, vnser anpringen genedigelich zuuernemen vnd zu bedencklien. Nachdem des hochlöblichen pundts zu Schwaben commissari vnd räte jüngst verschiner zeit in der huldigung vnd anderer handlung zu Rastat ernstlich beuolhen vnd geschafft haben, alle gloggen, so bey ainer yeden khirchen sein, von stund an herab ze werffen vnd bis auf verrern beschaidt ligen zu lassen, so haben wir aber solh gloggen in den marckht pisher nit abgethan, das aber nit aus vngehorsam vnd verachtung vnderlassen, sonder aus trefflichen vrsachen mit sonder vnderthenig vertröstung: nachdem wir, als die vom perckhwerch, die gröst gloggen allain auf vnser costung vnd darlegen aufgericht vnd machen lassen, e. f. g. wurden vns als iren camerleutn so genedigen willen beweisen vnd die gloggen also beleiben lassen. So ist auch das holzwerch vnd zymer, darin die glockhen gehenckht vnd gefestigt sein, in das gemeuer vermacht vnd eingemauert vnd mögen solh gloggen an zerrüttung vnd zerprechung des ganzen turn, das dann dem gotzhaus auch zu nachtail raichen würde, nit abgeprochen noch herab gethan werden. Vnd dieweil dann solh gloggen allain dem almechtigen got vnd seiner gebenedeiten mueter Marie in der eer angezaigt gotshaus vnd pfarrkirchen gepawen vnd geweicht worden, zu lob aufgericht vnd gemacht sein vnd damit die gemain cristlich versamblung vnser pfarrmenig solh gotshaus zu bequemer gebürlicher zeit mit andechtigen vleis das gemain cristlich gepet zuuolpringen dest statlicher ersuechen mugen, ist demnach an e. f. g. vnser demuetiges vnderthenigist pitten, e. f. g. welle vns hierin so genedig sein vnd genedigelich vergonnen, damit vns angezaigt gloggen peleiben mugen vnd das dem gotshaus in solhem nit nachtail zuegefuegt werde. Was wir alsdann e. f. g. oder genadt von e. f. g. wegen zu ainer eerung zethuen schuldig vnd pflichtig werden, der wir vrpüttig, wellen wir vngespartes vleis alzeit zuuolpringen willig vnd gehorsam sein vnd das in allweg vmb e. f. g. mit vnderthenigister gehorsam verdienen. Wellen vns hiemit e. f. g. in vnderthenigkhait beuolhen haben, genediges gueten beschaidts gewartundt.

E. f. g.   vnderthenigist vnd gehorsam

N. gemain gewerckhen, die gesellschafft des perckhwerchs sambt der burgerschafft des markhts zu Hof in der Gastein.

101 (107).
Ordnung den fridt im stifft vnd land Salzburg zu haben vnd empörung vnd aufstandt zu fürkhomen.

26. November 1526.

Als vber vnd wider den fürstlichen vertrag durch den durchleuchtigen hochgebornen fürsten, herzog Ludwigen in Bairn etc., in dem vergangen fünff vnd zwainzigisten jar vor Salzburg aufgericht, dennocht vil vngeschickter handlungen von frembden vnd inlendischen personen geübt seind worden, das dann der hochwirdigist fürst vnd herr herr Matheus, der heiligen Römischen kirchen cardinal erzbischoue zu Salzburg etc., vnser genedigister herr, vnd seiner fürstlichen gnaden vnd derselben stiffts gemaine landtschafft von allen stendten in dem landtag in der vasten jüngst verschiner genedigelich vnd treulich beherzigt, auch zu abstellung solicher handlungen vnd vngehorsam ain fürnemen ainer ordnung gethan, aber aus vrsachen des newrn vnuersehnen aufstandts vnd kriegs sollich ordnung zu khainer execution vnd volziehung gebracht haben, was abfal, schaden vnd verderben seiner fürstlichen gnaden vnd derselben stifft landen vnd leuten daraus entstanden vnd eruolgt, das ist am tag vnd vor augen. Dieweil dann solicher newer aufstandt mit hilf vnd gnad des allmechtigen gottes durch die löblichen stände des zu Schwaben, auch bemelten vnsern genedigisten herrn vnd seiner fürstlichen gnaden gehorsame landtschafft widerumb zue rue gestellt vnd durch der bemelten pundtstende verordent commissari vnd kriegsräte zuerhaltung khünfftiger gehorsam vnd aines beständigen fridens im stifft vnd land Salzburg den aufruerigen abgefallen gerichten etlich articl fürgehalten. Darauf sy dann den newen fridt vnd gehorsam vnd anders geschworen haben, auch uerrer dieselben der pundtstände commissari vnd räte in den andern gerichten gehorsamen des stiffts zuerhaltung fridt vnd rue in etlich weg ordnung vnd mas gegeben vnd durch ir offen mandat vnd brief ausgeschriben haben, so geburt nun mer obgemelten vnserm genedigisten herrn von Salzburg als herrn vnd landtsfürsten, auch seiner fürstlichen gnaden landtschafft vnd vnderthanen von allen stenden, die eer, trew, frid vnd rue lieb haben, darob zehalten vnd daran ze sein, damit solhen articln vnd ordnungen furter also gelebt vnd gebürliche gehorsam, fridt vnd rue im stifft erhalten werde. Daneben hat auch sein fürstliche gnadt vnd ain landtschafft von allen stenden hocherwogen vnd bedacht, dieweil in dem obgemeltem andern vnd newen aufstandt etwo vil der pösen, leuchtfertigen vnd aufruerigen leut, aufwigler vnd rädlfuerer auftretten vnd noch in ainer dapfern anzal in fluechten sein, von denen dann die gehorsamen frumen vnderthanen nichts anders dann schaden, vnrat, mord, prant vnd dergleichen geuerlichait zugewarten haben, darzu auch, das dieselben flüchtigen vnd ir anhenger im stifft widerumb newe meutterey, aufruer vnd aufstendt durch ir pös vergifft handlungen vnd praktiken üben vnd machen möchten, wo denselben flüchtigen vnd iren anhengern nit für vnd für ernstlich nachgestelt vnd sollichen iren pösen praktiken vnd handlungen mit gueter fürsehung zeitlichen entgegen gegangen wurde. Demnach so haben sich bemelter vnser genedigister herr vnd seiner fürstlichen genaden gemaine frume landtschafft von allen stenden auf disem gegenwurtigen landtag zu handhabung des gemainen fridens vnd gebürlicher gehorsam, auch landt vnd leut vor merern schaden vnd verderben zuuerhuetten, dieser nachuolgunden ordnung mit einander vergleicht vnd fürgenomen, die auch die von gerichten vnd die verwantn der perckhwerch durch ir gesandt anwalde vnd versigelt gwaltsbrief also angenomen vnd die bey den pflichten, eeren vnd aiden, damit sy seinen fürstlichen gnaden als landtsfürsten verwant seien, zuhalten vnd zuuolziehen, zuegesagt haben bei den peenen vnd straffen darinen, wie hernach volgt, begriffen, weliche ordnung auch durch sein fürstlich gnadt vnd derselben landtschafft von allen stenden ernstlich vnd stattlich gehandthabt vnd wider verprecher strackhs volzogen werden solle.

Handhabung des pundtischen aids vnd anderer irer ausschreiben.

Erstlich so soll ob den obgemelten articln des neuen aidts, auch was der pundtsstende commissari in den gehorsamen gerichten vnd in den perckhwerchen geordent, fürgenomen vnd ausgeschriben haben, vestigelich gehalten vnd denselben articln vnd beuelhen, was vnd souil darinen bisher nit exequiert vnd volzogen worden ist, nachmals gelebt vnd nachgegangen werden.

Besterckhung der pfleger vnd richter.

Verrer so ist fürgenomen, das vnser genedigister herr pis auf seiner fürstlichen gnaden wolgefallen ainen yeden phleger, landt- vnd perckhrichter zu handthabung der yezgemelten der pundtsstände verordentn commissari vnd räte ausgangen schrifften vnd ordnungen auch dieses gegenwurtigen fürnemens ain zuesaz vnd besterckhung mit ainem, zwayen, drey oder vier knechtn oder mer nach gelegenhait vnd grösse aines yeden gerichts auf ain zeit, so lang es die notdurfft eruordern will, thuen soll.

Viertlmaister.

So sollen auch in ainer yeden stat vnd markt, auch in den landt- vnd perkhgerichten, nach gelegenhait irer grös ains, zway, dreu oder mer viertl, stäb oder zehen, wo die vor nit getailt sein, gemacht vnd in ainem yeden viertl, stab oder zech ainer oder zwen viertlmaister durch die gerichts obrigkhait derselben ort fürgenomen vnd alweg zu halben jaren abgewechslt werden.

Wie sich die viertlmaister halten sollen.

Dieselben viertlmaister sollen an ainem yedem ort irer fürgesezten obrigkhait sonderlich verpflicht sein vnd für sich selbs in den Aiertln ir yedes gezirkhs ausserhalb irer obrigkhait sondern beuelch nichts handln, sonder derselben irer obrigkhait beuelch in allen dingen gehorsamlich wartten vnd geleben, was durch dieselb ir obrigkhait mit aufpot vnd in ander weg inen beuolhen vnd verschaffen wirdet. Sy sollen auch derselben irer obrigkhait auf all irer ordnung, so sich ain eilende empörung, prunst oder anders zuetrueg, beystendig vnd rätlich sein, auch nach irem pesten vermugen verhelften, die vor ausgangen der pundtsräte beuelch vnd ordnungen, auch dises fürnemen getreulich zuuolziehen vnd handtzuhaben.

Wo ain yedes viertl zůsamen khomen soll.

Item ain yede oberkhait soll sich mit iren nachgesezten viertlmaistern in ainem yeden gericht aines sondern plaz verglaichen vnd denselben den vnderthanen in yedem viertl anzaigen vnd benennen, darauf die vnderthanen desselben viertls sambt irem viertlmaister, wo es durch ainich empörung oder feuersgwalt oder in ander wege die notturfft eruordern wurde, zusamen khomen sollen.

Das ain gericht dem andern hilf thuen soll.

Wo dann zu zeiten ain phleger, landt- oder perckhrichter in den gerichten ir yedes verwesung zu ainer execution oder handlung vnd sonderlich, so sich etlich pös aufruerisch muetwillig leut in ainer anzall beyeinander enthielten oder verstandt hetten, das derselb phleger, landt- oder perckhrichter mit seinen knechtn vnd den nachgeseztn viertlmaistern nit getrauet, starckh genueg zu sein vnd die zubestätten, dem sollen die phleger vnd richter der negstanstossenden gericht mit sambt iren knechtn vnd viertlmaistern auf sein schrifftlich oder mündtlich ersuechen hierin vnuerzogenlich hilf vnd beystandt beweisn, damit das übl bey der zeit vnderkhomen vnd neue aufruer vnd vngehorsam verhuett werden.

Etlich knecht aus den viertlen fürzenemen.

Es soll auch ain yeder phleger vnd richter mit ainem yeden seinen nachgesezten viertlmaister sich dermassn versteen, also, wann er in ainer not vnd eyl etlich knecht notdürfftig, das ain yeder viertlmaister in seinem viertl etlich guet erber knecht fürneme, die ime in ainer not beystandt thuen vnd auf all sein eruordrung gehorsam sein.

Dem aufbot gehorsam zu sein.

Demnach so soll ain yeder haushaber vnd angesehener mann bey seiner sumen knechten, arbaitern vnd inleutn daran vnd darob sein, damit sy sich auf eruordrung der oberkhait vnd irer viertlmaister in allen auf boten vnd notdürfften gehorsamlich erzaigen, hilflich vnd beystendig seyen, sich auch sonst allenthalben eerlich vnd redlich halten vnd niemandt zu widerwertigkhait bewegen noch vrsach geben. Wo sich aber ainer oder mer nit dermassen sonder vngehorsam vnd vngebürlich halten wolten oder wurden, so sollen die angesessenen khainswegs dieselben weiter halten, noch sy die obrigkhait die gedulten.

Verpoten weern.

Vnd nachdem aber die gericht im gebürg all ir kriegsweren, als hellenpartn, lang spiess, püchsn, stächl, schlachtschwerdt vnd dergleichen lang kriegswern auf das fürnemen vnd ordnung der pundtstendte verordent commissari vnd räte von inen gethan, auch inen fürter zu haben verpoten sein, damit dann, so zu zeitn durch die oberkhaitn in ainer not vnd eil ainem viertl oder etlichen aus inen aufgeboten wurde, an notdurfftigen wern nit mengl sey, so soll vnser genedigister herr ainer yeden gerichtsobrigkhait, nemblichen in den gerichten, darin den vnderthanen die weeren genomen worden sein, souil von allerlay weern verordnen vnd zuestellen, das ain yeder phleger vnd richter nach gelegenhait der grös seines gerichts von dreissig bis in vierzig oder fünffzig mannen gewört machen mug.

Hausweern.

Dieweil auch sonderlich in den gerichten im gebürg der gemain paursman mit den wilden schaden thiern vast beschädigt, auch die, so auf den ainöden sizen, zuzeiten durch die muetwilligen pösen leut betrangt vnd benöttigt werden, so hat vnser genedigister herr auf vnderthenig ersuechen vnd pitten ainer gemainen landtschafft vnd der von gerichten genedigelich bewilligt, das die vnderthanen der gericht im gebürg, die hieuor ir weern von inen haben muessen geben, ain yeder nun füronhin widerumb ain thier-spiess vnd ain armprosst, wie das die eehafft tädingen austragen vnd von alter herkhomen ist, bey seinem haus haben. Doch sollen sollich weern zu kirchen noch gassen nit getragen, sonder allain in ainem aufpot vnd auf der oberkhait fordrung zu handthabung vnd rettung derselben, auch zu widerstandt den pösen aufruerigen leutn, auch in den gejaiden der schedlichen thier vnd sonst bey den haüsern gebraucht werden, bey schwärer straff an leib vnd guet.

Prunst.

Ob sich dann an ainiche ort bey tag oder nacht ein mortprant oder anders feursnot erhuebe, so sollen der oder die verordentn viertlmaister den vnderthanen desselben viertls vnuerzogenlich aufpietn vnd dann allen muglichn vleis haben, das feur zu leschn vnd auszutilgen, vnd von den andern viertln sollen auch etlich dem feur zuelauffen vnd die vbrigen zuainander khomen vnd acht haben, ob sich mitler zeit etwas geuerlichs zuetragen wolt, vnd demselben mit allem vleis, souil inen muglich ist, vor sein vnd etlich aus denselben andern viertln sollen auch anhaimbs beleiben vnd auf irer viertlmaister beschaid wartten, vnd solle verrer sollicher dreyer partheien halben an yedem ende durch phleger vnd richter ain klarer verstandt vnd ordnung gemacht werden, damit, so es darzu khäme ain yeder wissen mug, wes er sich in solhem halten soll. Es soll auch sonderlich auf die verdechtigen personen, die söllich prunstn bestellen oder sonst daran schuld tragen, vleissigelich gesehen werden.

Gloggenstraich in ainer prunst.

Desgleichen, ob von wegen des feurs in ainem gericht der gloggenstraich angeen solt, so sollen die viertlmaister noch yemandts anderer den nit angeen lassen, dann auf irer obrigkhait sondern vnd gründtlichen beuelch.

Der ain feursnot zu rettn vngehorsam ist.

Wo sich auch in fürfallenden leuffen vnd feursnötn yemandts vngeschickht, vngehorsam oder frävenlich vnd zu handthahung vnd errettung des gemainen nuz widerwertig erzaigen wurde, der soll durch die obrigkhait an denselben ortn mit hilf der viertlmaister vnd der frumen vnderthanen gestrafft werden.

Straff der aufruer.

Item wellicher ain anfenger ainer empörung ist, hilf, rat oder that darzu gibt, der soll vnserm genedigisten herrn als landtsfürsten vnd herrn mit leib vnd guet verfallen sein.

Pundtnuss.

Item welliche person sich haimblich oder offenlich ainicher conspiration, verainigung, pundtnuss, pös prauckn oder contract zumachen vndersteen wurde oder machet, die sollen on alle gnadt leib vnd guet verfallen sein.

So ain ganze gemain aufstuende.

Item wo sich ain gemainde oder der merer thail in stettn, märkhtn, gerichten oder auf den perckhwerchen in aufruer oder empörung gäbn oder einliesse, so sollen die vmbligenden phleger, landt- stat vnd perckhrichter vnd ander ambtleut mit iren gerichts-vnderthanen fürderlich nach gelegenhait der aufruerigen zueziehen vnd macht haben, sy zu vberziehen vnd zu straffen. Vnd ob ainer oder mer vnter oder aus den aufruerigen entleibt wurden, so sollen die gehorsamen damit gegen vnsern genedigisten herrn als landts-fürstn nichts verwercht, auch des entleibt freundtschafft oder andern deshalben nicht schuldig sein.

Die frembden aufwigler.

Dieweil man auch bisher in erfarung befunden hat, auch offenlich am tag ist, das die frembden herlaufenden leut, aufwigler vnd rädlfuerer, die hin vnd wider durch das landt ziehen vnd ires gefallens in den tafernen mit waffen vnd weeren verdächtlich auf der zerung vnd sonst ob den armen leuten ligen mit iren vnwarhafftigen mären vnd possen vil mertterey, empörung vnd rottierung gemacht vnd die gehorsamen frumen vnderthanen zu vngehorsam, aufruer vnd widerwertigkhait bewegt haben, damit dann sölh leuchtfertig personen für im landt nit gedult auch merer gemaines landts verderben verhüett werde, so ist fürgenomen, das aufs peldest in allen gerichten offenlich berüefft werde, das alle die, so nit angesessen sein, auch weder arbait, dienst oder ander redlich vrsach, noch auch kheinen versprechen haben, in vierzehen tagen nach solher berüeffung sich aus dem stifft vnd landt thuen vnd weitter darin nit aufhalten noch betretten lassen sollen.

Leut beherbergen.

Item das auch nun fürter khain wirt noch gastgeb in stettn, märkhten oder in gerichten auf dem lande, auch bei den ainlezigen tafernen, desgleichen auch ander vnsers genedigisten herrn vnd des stiffts vnderthanen vnd landtsässen niemandt von sondern personen noch vil weniger auch rott oder anzall volkhs behausen, beherbergen noch aufenthalten sollen, es wisse dann für sölh personen zuuersprechen bey vermeidung schwerer straff an leib vnd guet. Ob auch solh verdächtig personen in ain wirthshaus oder zu andern heüsern khämen, so sollen die wirtsleut solich personen irer gerichtsoberkhait aufs peldest, als sy mugen, anzaigen.

Falsch posten.

Es sollen auch die phleger vnd richter in iren verwesungen mit ernst darob sein vnd selbst ir guet aufmerkhen haben, auch darauf haimblich khundtschafften bestellen, wo yemandt, er sey frembt oder ain landtsman, ausserhalb der oberkhait wissentlich beuelch neue geschray, posten oder mündtliche potschafften in das landt vnder das gemain volckh pringen oder zuuerkhunden vndersteen wurde, von aufruer oder veindgeschray, oder sonst der oberkhait zuwider, das dieselben bey den nägsten, do sy betretten, vänckhlich angenumen werden vnd durch die oberkhait ob inen peinlich erkhundigung beschehe, von wemb oder warumb sy söllich posten vnd geschray fueren vnd in das landt vnd das gemain volkh pracht vnd nit zuuor die oberkhait damit ersuecht haben. Vnd so man ir geferde vnd mertterey durch bekhanntnus oder ander gleublich anzaigen erfindet, alsdann sollen sy nach gestalt der sachen vnd ires verschuldens an leib vnd guet gestrafft werden.

Fürschieber der falschen posten.

Desgleichen soll man auch gegen denen handlen, die solh frembt vnd newe posten, wann die an sy gelangen, weitter fürschieben oder verkhunden vnd der oberkhait nit fürderlich anzaigen, sondern verschweigen.

Khainen sendtbrief in der gemain verlesen.

Item es soll auch offenlich verueftt vnd niemants gestat werden, das in der gemain verschlossen oder offen brief, so zuzeiten den gerichten von andern orten zuegeschriben möchten werden, vnd sonderlich die brief von den flüchtigen vnd austretten, sy lautten an die gericht oder sonder personen, verlesen, sonder mit ernst vnd vleis bestelt vnd darob gehalten werden, das die alzeit zu handen der oberkhait geantwurt bey schwärer straff an leib vnd guet.

Schläminger.

Item all die, so in dem ersten aufstandt von Schläming, es sein knappen oder ander, entwichen vnd denen vormals durch vnsern g. herrn das landt verpoten ist, sollen fürter im stifft vnd landt Salzburg auch nit behaust, gehöfet vnd aufgehalten werden.

Saffoyer.

Item den Saffoyern, Schotten vnd andern kramern soll fürter ausserhalb der gewöndlichen jarmärkt im landt zu hausiren auch nit gestatt. Wo aber ainer darüber betretten, dem solle durch die oberkhait sein kram vnd guet zu vnsers genedigisten herrn handen genomen werden.

Landtsknecht vnd spilleut.

Desgleichen soll auch den landtsknechten, hoffierern vnd andern spilleuten im landt zu hausiern auch nit gestatt, sonder, wo solh personen betretten, sollen die allweg in dreyen tagen aus dem landt geschafft oder wo ain solhe person etwas verdächtig wär, alsdann vänckhlich angenomen werden vnd irer handlung notdürfftige erkhundigung durch die oberkhait an ir beschehen.

Winckl tafern.

Item all winckl vnd neue tafern söllen laut der vorausgangen mandat aufgehebt vnd verpoten seyn vnd fürter aufzurichten nit gestatt, auch solhes nochmals offenlich beruefft werden.

Bey nächtlicher weyl in den tafernen nit sizen.

Item khain wirdt oder gastgeb in stetten, märckhten oder in den tafernen auf dem landt soll füran vber acht vr zu abents oder vngeferlich zwo stundt in die nacht an den zechen, am spil, bey den leichtfertigen frauen, noch ander leichtfertig wege niemandts sizen lassen. Wer das vberfuere, der soll nach vngnaden gestrafft werden.

Spil, gotzlesterung, zuetrinkhen.

Es soll auch offenlich berüefft vnd ernstlich verpoten werden, vnzimblich spil in haüsern, auch auf den muster pläzen vnd in ander weg, darzu auch die gotzlesterung vnd das zuetrinckhen bey schwärer straff an leib vnd guet.

Der pawrsleut claidung.

Es sollen auch die phleger vnd richter nit gestatten dem gemainen paursman vnd iren knechten, die landtknechtischen pirret vnd zerschnitten oder getailt hosen oder wamäs furter zuetragen, sonder daran sein, das sich die mit erbern, zimblichen vnd irem verstandt gepurlichen klaidern beschaiden.

Das sich niemandts der kriegs-ämbter vnderstee.

Es soll auch niemandts gestatt werden, sich on beuelch der oberkhait ainicher haubtmanschafft, rotmaister ambts oder aines andern solhen khriegsambt zu vndersteen, bey verlierung leibs vnd guets.

Sturmbgloggen verwaren.

Item sollen allenthalben bey den mesnern vnd kirchen die pfleger vnd richter mit ernst vnd vleis bestellen vnd ordnung geben, das an ainem yeden kirchenthurn ain guete versperte thür vnd die schlüssel wolbewart gemacht werden, damit durch leuchtfertig muetwillig oder ander personen on wissen vnd willen der oberkhait khain sturmb- oder gloggenstraich angee noch beschehe, es sey dann vor auch durch die oberkhait aus gegründten genuegsamen vrsachen beratschlagt vnd sie sich dermassen erkhundet, das es die notdurfft eruordert.

Gloggenstraich in ainer aufruer.

Welche person auch den gloggenstraich on vorwissen vnd bewilligung der oberkhait also angeen lässt, soll auch an leib vnd guet gestrafft werden.

Khain kriegsweer in das landt zufüeren.

Item all verpoten kriegsweeren als hellenparten, lang spies, püchsen, schlachtschwerdt vnd dergleichen weeren sollen hinfüran on zuelassen der oberkhait im landt nyndert gemacht noch auch durch in- vnder- oder auslender on sonder vnsers genedigisten herren vergunen vnd erlaubnus darein nit gefuert vnd verkhaufft werden, bey verlierung solher weeren, wo die betretten werden, darzue auch bey schwärer straff.

Saliter-pulver machen.

Es soll auch offenlich berüefft werden, das alle die, so saliter vnd pulver machen, auch püchsenkugel giessen oder schmiden khünnen, sich nach solher berueffung in dreyen tagen in ainer yeden stat, marckht oder gericht bey irer obrigkhait anzaigen bey ainer straff. Von denselben soll durch die oberkhait ernstlich glüb vnd porgschafft aufgenomen werden, das khainer ausserhalb sonderer bewilligung vnsers genedigisten herren solh saliter vnd puluer nit machen, noch auch die khugln giessen oder schmiden wölle, bey verlierung leibs vnd guets.

Die wald von den strassen zeraumen.

Die phleger vnd richter sollen auch bey den vnderthan vnd gerichtsleutn ir yedes verwesung bestellen, das sy auf das pöldest allenthalben die wäld vnd das holz von vnd bey den landtstrassen abmayssen vnd raumen, damit sich die pösen verdechtlichen leut bey den strassen nit vmbziehen.

Schantzen vnd pollwerch.

Desgleichen sollen auch die phleger vnd richter die pollwerch vnd schanzen allenthalben in den gerichten mit vleis besichten vnd was derselben noch vnzerrissen sein, die zu behuettung gemaines landts für ainen frembden einzug dienstlich sein möchten, die sollen vnabgethan bleiben vnd für vnd für gepessert werden. Die andern pollwerch vnd schanzen all sollen sy verschaffen abzubrechen vnd aufzuscheittern.

Bereytung der tafern vnd heuser.

Vnd soll ain yeder pfleger vnd richter in seiner verwesung offtmals die tafernen, auch die verdechtlichen vnd ander heuser, darin sich die leut versamblen vnd aufhalten oder anders wider dise ordnung vnd fürnemen gehandlt werden möcht, bereiten, besuechen vnd die gest vnd ander verdechtlich personen rechtuertigen vnd den verpotnen weeren vnd anderm nachfragen, auch was sy vnfuegs darinen finden, dasselb ernstlich abstellen vnd straffen.

Dise obgemelte ordnung soll also in allen bemelts vnsers genedigisten herrn cardinals erzbischouen zu Salzburg etc. stetten, märckhten vnd gerichten seiner fürstlichen gnaden stiffts vnd lands durch menigelich vnd vestigelich gehalten vnd volzogen werden, bey vermaidung seiner fürstlichen gnaden schwären straff vnd vngnadt, die auch sein fürstlich gnadt ir vnd iren nachkhomen zu myndern vnd mern oder gar abzuthuen hiemit gänzlich vorbehelt. Beschehen vnd geben zu Salzburg vnder obgemelts vnsers genedigisten herrn hinfürgedruckhtem secrete am sechs vnd zwainzigisten tag nouembris anno domini im sechs vnd zwainzigisten.

102 (87.)
Vollmachtsbrief derer Gasteiner.
1526. (Dezember.)

Wir gemainigelich die ganz landtschafft des landtgerichts zu Gastein bekhennen vnuerschidenlich für vns vnd vnser nachkhomen an disem offen brief vnd thuen khund menigelich. Nachdem die

burgerschafft vnd gemain der stat Rastat etliche gericht vmb ir
schäden, so inen in jüngster aufruer zuegefügt worden sein sollen,
fürnemen, derhalben dann der hochwirdigist fürst, vnser genedigister
herr von Salzburg etc., durch ain offen schreiben vnd eruorderung
den partheyen angerüerter sachen halben ainen tag zu guetlicher verhör vnd handlung auf ain mittichen vor sant Thomas des heiligen
zwelfpoten tag (19. Dezbr.) schirist khomend zu Salzburg gwalthaber
Michel Kuntl vnd Wolfgang Lewpolter vor seiner f. g. räte zuerscheinen angesetzt hat, die weil dann wir in vnsern gericht in bemeltem schreiben auch begriffen vnd auf angeregten tag durch vnser
gwalthaber erscheinen sollen, demnach haben wir dem erberen vnsern
mitverwandten vnd angesessen nachpauern vnsern ganz vollkhomen
gwalt vnd macht gegeben, vnd thuen das auch hiemit wissentlich in
crafft dits briefs, das er an vnser aller stat vnd von vnsern wegen
auf beruerten tag zu Salzburg vor vnsers genedigen herrn rätn erschein, daselbs sambt andern der eruorderten gerichten, gesandten
vnd gwalthabern obangezaigter sachen halben, darumben solher tag
fürgenomen ist, ze handln, vnser notdurfft dawider in clag, ein- vnd
gegenred guetlich oder rechtlich fürzepringen, hinder gang zuthuen,
guetlich verträg anzenemen vnd sonst alles anders, was die notdurfft
hierin eruordert vnd gebürlich sein wirdet, von vnsern wegen zehandln,
zuesagen, bewilligen, thuen khündte, solte oder möchte. Vnd was
demnach gedachter vnser gesandter vnd volmächtiger gwalthaber
obberuerter sachen halben handlt, bewilligt, zuesagt, thuet oder läst,
das geloben vnd versprechen wir alles vnd jedes bey vnsern waren
treuen in crafft ditz briefs war, vest vnd vnzerbrochen, auch in allweg ine dises gewalts vnd aller handlung on schaden zuhalten. Wo
ime auch aines merern gewalts, dann hierin begriffen, not sein würde,
denselben allen, wie vollkhumen der sein soll, wellen wir ime hiemit
völligelich gegeben haben, als wär der nach der allerpesten ordnung
aufgericht vnd vergriffen, getreulich on geuerde. Vnd des zu vr-
khundte geben wir gedachtem vnserm gwalthaber disen brief mit
des edln vnd vesten Dauidn Koldrer, derzeit des landtgerichts verweser, hinfürgedruckhtem insigl verfertigt, den wir mit vleis all samentlich vnd sonderlich darumb gepetten haben, doch ime, seinen erben
vnd insigl on schaden. Zeugen der pete vmb dasselb insigl sind die
erbern etc.

103 (88.)
Gasteinerisches memoria.
1526. (December.)

Volgt hernach ain ermanung oder memoria, was Michel Kuntl vnd W. Lewpolter den von Rastat auf ir begern vnd ansynnen irer schaden halben, so inen in jüngster aufruer durch etlich gericht zugefuegt sein sollen vnd sy die darumben ansprechen, vndter denselben gerichten das landtgericht Gastein auch benennt vnd fürgenomen wirdet, auf den gwaltsbrief, der inen von gemainer landtschafft vbergeben worden ist, handln vnd zu antwort geben sollen.

Erstlich das wir nie des willens noch der maynung gewesen seyn, die von Rastat noch andere gericht zu beschedungen oder widerumb in weitter aufruer noch schaden zupringen, sonder dem vertrag, so der hochgeporn fürst, herzog Ludwig zu Bairn etc., aufgericht hat, ganzlich als die gehorsamen vnderthanen nachzegleben vnd dem volziehung zethuen. Wir haben auch vnserm gnedigsten herrn vnser anzall khnecht, so wir vns gegen seiner fürstlichen gesandten commissarien zu sant Johanns im Pongew, die vngehorsamen zu gehorsam zepringen, zuegesagt vnd verwilligt haben, auf dem Empach mit dem Prastler als haubtman geschickht. Desselben ist aber khain gericht seinem zuesagen nachkhomen. Allain wir, die von Gastein vnd Rauris, seyen dasselb als die gehorsamen erschinen vnd auf den fünfften tag auf dem Empach gelegen, aber khain gericht nit mer khumen. Wärn aber die von Rastat sambt andern gerichten irem zuesagen nach doselbs auch erschienen, so wolten wir mit der gottes hilf die vngehorsam aufruerischen pueben in dem Pongeue oder, wo wir die gefundten hetten, wol zerjagt vnd erlegt, auch solhs verderben vnd pluetuergiessen leichtlich vnderstanden haben. Die weil wir aber durch ander gericht khain hilf noch beystandt gehabt haben, so hat vns Prastler als haubtman durch ainen fürstlichen beuelch, so ime Cristoff Graf an der purckh bey dem alster zuegestellt hat, abkhunden vnd vns anstat vnsers gnedigsten herrn mit höchstem vleis dankh sagen lassen vnd ainen yeden haimb an sein gewar zuziehen beuolhen, dann er trägt fürsorg, dieweil wir so krankh ligen vnd khain hilf gewartten, das wir möchten vberfallen werden. Auf solhe gehorsamb achten wir der von Rastat vnzimblichen ansuechung vnd begern ganz vnzimblich vnd vnrecht vnd verhoffen, wir sey inen khainen schaden abzethuen schuldig.

Zum andern: nachdem vnd wir ab dem Embach khumen sein, seyen die Pinzgewer zu Prugg schon zu veld gelegen vnd haben ir aigen post vnd gesandtn herab zu vns in das tall geschickht, schriffliche vnd mündtliche pottschafft gethan, nämblich also: ob wir zu inen wellen sezen vnd in ir pindtnus zuesagen, des wellent sy von vns zu guet annemen, wo nit, so wollen sy mit dreue tausent knechten ee vnd dann drey tag vergeen, bey vns im tall sein. Was wir aber nuz vnd gewynn daran werden haben, das wer wir woll sehen. Aut solhe potschafft der aufruerigen haben wir mit hilf des perkhwerchs die klam mit etlichen khnechten besezt vnd verhuett vnd des willens gewesen, vns der aufruerigen zuerweren, vnd in eyl zu vnsers genedigisten herrn vmb weitter hilf vnd rat geschriben vnd geschickht. Indem seyen sy, die aufruerigen, in die Rauris mit gwalt gezogen vnd dieselben auch in ir pundtnus bezwungen vnd vns abermal posten zuegeschickht, wievor anzaigt. Aber daselbs haben wir mit inen souil gehandlt, das sy vns mit tätlichen nit angriffen haben, vnd sein auf sant Johanns in das Pongeue verruckht. Wir haben auch im tall zwayhundert man gemustert vnd besolt, den Pongewern wider die aufruerigen zu hilf zeziehen. Indem aber haben die aufruerigen das Pongew schon eingenomen vnd vns aber ain potschafft vnd post zuegethan khumen vnd hinaus begert. Darauf wir dann fünff vnser gesandten zu inen geschickht vnd verordent, auch inen beuolhen haben, das sy mit den Pynzgern vmb ain fridt vns auf drey tag zubedenkhen mit gueten vleis handln vnd erlangen, ob in der zeit vnser gesandten, so wir zu vnserm genedigsten herrn vmb rat vnd hilf geschickht haben, khämen vnd wes wir vns weitter halten sollen vnd muesten. Dieselben gesandten haben vns aber die aufruerigen aufgehalten vnd gefänkhlich angenomen vnd bey ime behalten vnd die schreiben, so vns vnser genedigster herr geschickht hat, aufgethan vnd verlesen vnd darauf vnserm ausschuss, die mit inen vmb weitter fridt gehandlt haben, gröblich zugerett vnd zu inen gesagt: sy haben inen das halm lang genueg durch das maul gezogen, wellen sy sich anstat der landtschafft zuesagen vnd geloben, das sy mit fünff hundert khnechten in drey tagen bey inen im veldt ersuechen, sey gethan; wo nit, so wellen sy an dreyn ortn in das thall fallen vnd zu uersteen geben, sy wellen erstlich mit ainem hauffen vber die Waller einziehen, mit dem andern vber den Glassnernogk vnd mit dem dritten vber die taffern vnd wellen vns verprennen vnd all verhörn vnd verzeren. Auf solhe erschrockhenlich fürschleg vnd betrennus, die weil wir inen in die leng khainen widerstandt zethuen vertraut, noch ninder khainer hilf gewart, haben wir aus groser forcht betroung, so das an die gemain khumen ist, zuesagen vnd hundert khnecht aus dem thall schickhen muessen, aber dieselben khnecht nit lenger noch weitter dann auf acht tag besoldt vnd nochmals der hofnung gewesen, vnserm genedigsten herrn wer in der weil vns vnd andere seiner f. g. gehorsamen vnderthanen zu hilf khumen. Indem aber die vnsern khnecht weitter zu pleiben vnd wir sy zubesolden genött vnd bezwungen haben vnd ab dem allem guet zu ermessen ist, das wir eben als in gros verderben von den Pinzgern khumen sein, als die von Rastat vnd wir inen khainen schaden zuegefüegt noch gethan haben.

Dorauf ruefn wir e. f. g. als ainem gerechten vnd milten fürsten, e. f. g. welle solhem vnser vnschuld vnd gros verderben ansehen vnd erkhennen, das solhes ansinnen von den von Rastat vns ganz vnpillich beschech, vnd vertrauen, es wer bey e. f. g. auch durch die pundtsständt oder seiner f. g. räten nit erkhennt, das wir inen guetlich oder rechtlich solher ir zuegefuegt schäden abzethuen schuldig sein werden. Wo aber die von Rastat oder ander ainicherlay guetten in vnserm gericht bey ainem oder mer erfarn oder finden, dasselb soll ine ganz vnabgeschlagen sein vnd in alweg beuorsteen, das aber vns als ainer gemainer landtschafft vnwissen ist.

104 (91.)
Gasteinerisches bittschreiben an den erzbischoff zn Salzburg, Mattheum Lang, von der landtschafft im betr. des lezteren aufstandts.
1526.

Hochwirdigister fürst, genedigister herr. Wir arm e. f. g. camerleut vnd vnderthanen fuegen e. f. g. mit gehorsamer vndertheniglichait zuuernemen, bittundt, dis vnser anpringen vnd obligen genedigelich zu bedenckhen. E. f. g. haben sonder zweifl wissen, wie sich die aufruern vnd empörungen im Pinzgeue wider e. f. g. vnd derselben gehorsamen erhebt vnd zuetragen haben, zu welcher wir vns nach langer errettung vnd vilfeltigen ausreden aus vnuersehen gwalt bezwungenlich, wiewol mit betrübtem laidigen gemüet, als got wol wais, haben zuesagen muessen, dann wir derselben zeit mit khainer entschüttung versehen gewesen, mit der wir vns vor vnsern feindten hetten mögen enthalten.

So haben wir vns aber vorher sider des aufgerichten fridts vnd vertrags vnd, damit wir denselben bey guetem bestandt erhalten vnd statlich dabey pleiben möchten, mit den gewerckhen ainig vnd fridlich gehalten, mit dem zuesagen, das wir on dieselben gewerckhen nicht fürnemen noch handln wellen, dann allain, wen zu erhaltung aines fridens not sein werde.

Vnd damit wir dann vnsern willen vnd gemuet zu frid genaigt vnd begiriger zaigen möchten, seyen wir auf die eruorderung, so vnser perckhrichter Caspar Prastler von e. f. g. wegen gethan, gehorsamblich, souil er vnser begert hat, auf den Empach gezogen vnd daselbs waiters beschaidts gewart mit bestendigem fürnemen, e. f. g. gehorsam ze sein, an welche ort vns e. f. g. verordnen oder verschaffen werde, daselbs aber nachmals abuorderung beschehen, aus was vrsachen ist e. f. g. ohn zweifl wissendt.

Nichts minder aber, als wir nach angezaigter abuorderung wider haimb khomen, seyn wir in übung gewesen, damit wir vns vor den aufruerigen pundtischen, als wie verricht worden, das sy herzue nahen söllen, vnd bey vnserm glüb, treue vnd aid erhalten möchten vnd sein vnser daselbs bis in ainhundert bey der klam vnd denselben pässen mit vleissiger stant auf den zwelften tag gelegen mit der besoldung, das die gewerckhen derselben yedem ain halben gulden geben, des vbrigen wir vns selbs besold haben.

Vnd als wir dermassen in der besezung gelegen seyen, haben die aufruerischen die Rauris eingenomen vnd zu irer pündtnüss betrungen, haben auch vns vnd ainer ganzen versamblung im tall alhie geschriben, wo wir vns inen nit zuesagen, wellen sy mit gewaltiger macht in das tall fallen vnd menigelich plunder vnd verderben.

So seyen wir auch von vnsern pauern im thal hoch angesuecht worden dermassen, aus welher macht wir vns vndersteen, also in der klam zuwachten vnd stant zehalten, mit trölichen worten, wo wir vns abziehen, wellen sy vns an ainem ort vnd die Pinzger an dem andern angreiffen. So haben sich auch die pauern von stund an den aufruerigen zuegesagt, das wir vns also aus vilfeltigen betroen vnd anhalten lenger nit erretten mögen, sonder vns zuesagen muessen.

Aus solhem seyen wir bezwungen worden, auf der paurschafft zuesagen, auch hundert khnecht vom perckhwerch den aufruerischen zuezustellen, an welchen sy doch nit ersettigt, sonder von stund an darauf mer fünffzig khneeht vom perckhwerch schickhen muessen. Vnd wo wir das nit irem begehrn nach volpracht, hetten sy vns vnd menigelich im markht in vnwiderbringlichen verderben pracht, wie sy vns dann so gewaltigelich vnd vbermuetig geschriben haben. So haben sy auch bisher iren vbermuet gruslich mit vns getriben, das wir ires gefallens aus vnd einziehen haben muessen, vnd welher sich desselben erwidert, des leib, hab vnd guet haben sy preis gemacht. Sonderlich wo wir vnser arbait nachkhumen vnd an dem perg gewesen seyen, haben sy ire poten, ain auf den andern, an den perg zu vns geschickht, das wir mit inen ziehen sollen, welcher aber dawider thue, der soll vmb leib vnd guet khomen.

Vnd wo gleich ainer solhem vbl gern entwichen vnd ander ende ziehen wellen, so sein die strassen vber den Tawrn vnd allenthalben so stark besezt gewesen, das ainer nit hat durchkhomen mögen vnd haben also niemandt aus dem tall verruckhen lassen. Haben auch solh besezung den vom perckhwerch nit vertrawen wellen, sonder alweg nur die landtsessigen darzue genomen.

Genedigister fürst vnd herr, aus solhem mögen e. f. g. abnemen, mit was drang vnd anhalten wir zu solhe pundtnusse wider vnsern willen bezwungenlich khomen vnd bewegt worden seyen. Wolten wir e. f. g. also in aller vnderthenigkhait entschuldigungweis clagundt anpringen vnd ist darauf an e. f. g. vnser vnderthenigist pitten vnd ersuechen, e. f. g. die wellen solh vnser not vnd anligen, darein wir on schuld aus bezwungenhait gewisen worden, mit genaden bedenkhen vnd die vngnadt, so wir mit solher handlung auf vns geladen, genedigelich hinzelegen geruechen, damit wir wider vnser arbait gewarten vnd e. f. g. fron vnd wechsl befudern vnd mern mögen. So wellen wir vns nochmals als die gehorsamen vnderthanen vnd als e. f. g. getrew camerleut vnderthenigelich vnd gewerttig halten vnd erzaigen, vnd wo e. f. g. vnser notturfftig wurde, wellen wir vns in khainen weg ersparn, sonder leib vnd leben für e. f. g. als vnserm rechten herrn vnd landtsfürsten derstreckhen. In solhem allen seyen wir zu e. f. g. der vnderthenigist zuuersücht vnd hofnung, e. f. g. werde vns sondere genad mittaillen. Wellen wir mit aller pillichait vnd mit vnserm gepet gegen got vmb e. f. g. lankh leben vnd glückhselige regierung zu uerdienen vnuergessen sein.

105 (95.)
Verantwortung derer freyen reichsstätten, dann Salzburgischer gemainer landtschafften gesandten.
1526.

Hochwirdigist durchleuchtigist hochgeporn curfürstn, hochwirdig durchleuchtig hochgeporn fürsten, erwirdig wolgeborn edl gestreng hochgelert ernuest genedigist genedig vnd gunstig herrn. Eur curfürstlich fürstlich genaden gnadt vnd gunst mündtlich fürgehalten, sambstag negstuerschinen beschehen, haben wir, der erbar frey vnd reichstetten gesandten potschafften, in vnderthänigkhait vernomen vnd vnsers behalts souil verstanden, das sy den ersten articl, in der kayserlichen instruction begriffen, in fünff puncten getailt. Hierauf so geben wir eur curfürstlichen fürstlich genaden gnadt vnd gunst vnderthäniger maynung zuuernemen, das, nachdem eur curfürstlich fürstlich genaden gnad vnd gunst für den ersten puncten bedacht, das in sachen vnsern cristlichen glauben belangende alhie khain endrung noch determination solt fürgenomen werden, bekhennen wir die gesandten war sein, das khainem menschen in vnserm waren heiligen gelauben, der auf Cristum vnd sein heiligs vnwandlpars wort gegründt ist, ainich enderung fürzenemen gezim oder gepüre.

Zum andern euer curfürstlich fürstlichen genaden gnadt vnd gunst bedenklhen, das alte gewohnhait, wol hergeprachte guete cristenliche übung vnd ordnung mitler zeit pis zu ainem freyen cristenlichen concilium gehandhabt werden sollen, mugen wir auch wol leiden, dann wir durch wolhergeprachte guete cristenliche übung, ordnung vnd gepreuch nichts anderst versteen, dann die, so den glauben in Cristum vnd seinem heiligen wort nit zuwider sein. Wo aber etlich vebung, gepreuch oder ordnungen denselbigen entgegen, durch wellich die cristglaubigen durch misglauben oder superstition von irem herrn vnd schepfer auf das vertrauen der creaturn gefuert oder aber sonst zu der seelen hayl geferlichait dienen, achten wir eur curfürstlich fürstlichen genaden gnadt vnd gunst maynung nit sein, das dieselben vngeendert bis zu der besamblung yeziger leuf, daraus vnainichkhait mit so langer verziehung volgen möcht, pleiben sollen vnd also die cristgleubigen mitler zeit im irrsal vnd geferlichait irer seelen verharren muessten, sonder wie die genanten gueten preuch gehandhabt, also hinwider dise geendert vnd abgethan werden sollen. Deshalben vnsers bedunkhens khünfftige irrthumb in disem puncten zuuerhütten vonnötten.

Zum dritten, das ewer curfürstlich fürstlichen genaden gnad vnd gunst willig sein, mit sambt andern stenden nach mitl vnd weg zubedenkhen, damit die mispreuch im heiligen reich Teutscher nation in pesserung gepracht oder gar abgethan werden, lassen wir vns nit allain wolgefallen, sonder haben ab sollichem cristlichen vnd genedigen erpieten ain sondere grosse freudt empfangen, dann wissentlich offen war vnd allen stenden des heiligen reichs vnuerporgen, wie weitleüffig dieselbigen eingerissen vnd was für vnrecht, nachtail vnd beschwärungen dem heiligen reich in Teutscher nation aus demselben erwachsen; gueter hofnung, so dieselben dermassen in pesserung verwendt oder hingelegt, würde nit ain klaine hilf vnd steur sein, zustillen aller schwebenden irrung vnd widerwärtigkhait, so sich diser zeit in dem heiligen reich erhalten.

Zum viertten, die straf anlangend der, so hierin kays. maj. etc. edict, zu Wurmbs aufgericht, villeicht vbertretten, achten wir eur curfürstlichen genaden gnadt vnd gunst genedigs erpieten ganz aus genediger wolmaynung herruerendt. Wir khünen aber wol gedenkhen, wer in denselben edict zum scherpfisten nachkhumen solt werden, das sich die straff weiter erstreckhen möchte. Es haben aber euer curfürstlich fürstlich genaden gnadt vnd gunst sambt andern stenden auf dem reichstag zu Nürnberg, im jar drey vnd zwainzig gehalten, höchlich erwogen vnd wolbedacht, warumb gedachtem mandat zuegeleben nit muglich was, auch darzue, wie dem solt gelebt werden, erwachsn möchte, wie sy das auch zemal dem bäbstlichen oratorn zu antwort geben. So haben sich des auch vnser herrn vnd freundt von den erbern stetten auf jüngst gehalten reichstag zu Nürnberg irer vnainigkhait halben neben andern höchern stenden offenlich protestiert vnd bezeugt. Deshalben verhoffen wir ir kayserliche mayestaet als ain milter kayser niemants zustraffen gedenkh, vmb das im vnmüglich vnd von gemainen reichsstenden dermassen erkhenndt were.

Zum fünfften, die handthabung bemelter puncten betreffent, achten wir auch, so man der vorgeenden puncten also aintrechtigelich vberkhumen vnd entschaiden würdt, das nachmals leichtlich zu finden were, wie man sollichs handhaben möchte. Darzu auch on zweifl vnser herrn vnd freundt von ewerem frey vnd reichsgelider sich der gebür nach vnderthenigelich vnd guetwillig erzaigen wurden.

106 (98.)
Bittschrifft an die räthe des Schwäbischen bundts.
1526.

Wolgeborn gestreng edl vnd vest genedig vnd gebietundt herrn. Wir bitten e. g. mit aller gehorsam, vnser not vnd anligen genedigelich zuuernemen. Nachdem vns sambt andern in der huldigung, so jüngst zu Rastat beschehen, auferlegt worden, das ain yede feurstat vier gulden Reinisch in acht tagen nach bemelter huldigung raichen vnd geben, darauf dann e. g. schrifftliche beuelh ausgeen haben lassen, gebietundt, das man sich mit denselben vier gulden on verzug bey vermaidung schwärer straff gehorsamblich erzaigen solle, vnd wiewol wir vns in solhem gern vnd willigelich mit aller gepürlichen gehorsam erzaigen vnd beweisen wolten, so seyen wir doch mit so grosser armuet beladen, das vns allen angezaigtes gelt nit müglich zegeben oder zuraichen ist. Dann es seindt vnder vns neben vnd vmb den markht vil, die klaine heüser oder schlechte wonungen haben, der ainer oder villeicht zway vberall khaum souil gelts werdt sein. So sein auch etlich klaines vermugens, die sich nur mit dem teglichen lon irer arbait erneren vnd khaum souil erobern, das sy schlechte narung vnd notturfft ires leibs haben mugen; beuorab so sein in etlichen heusern arm leut, die sich nur des almuesn ernern vnd aufhalten, darzue auch etliche heusl oder feuerstettl, die yezt oder in langer zeit in khainen prauch noch nuzung gewesen sein. Wo dann solh arm leut oder ain yedes klains heusl souil gelt als der grossen vnd raichen aines geben muest, wer vns nit muglich, sonder muessen derhalben von vnsern wonungen absteen, das wir das gelt nit zegeben hetten.

Demnach ist an e. g. vnser gehorsam vleissig bitt vnd ersuechen, wellen vnser hierin mit genaden bedenckhen vnd vnser als der armen vnd notdurfftigen, souil muglich ist, verschonen, damit wir zum thail neben der vermugendten angesehen werden vnd mit vnsern heuslichen wonungen auch bey guetem bestandt pleiben vnd fürter gebürliche vnd vnderthenige gehorsam laisten mugen. Sonderlich auch ist vnser vleissig pit an e. g., wellen vnser vnschuld ansehen, das wir mit bezwungener that in solhe vngehorsam gefallen sein vnd vil lieber bey gueter rue vnd ainigkhait, dann bey dergleichen vnrat gewesen sein wolten. So wellen wir vns yezo vnd füran in allen pillichen eruorderungen yeder seinem vermugen nach gehorsamblich vnd willigelich halten, daneben auch die vngehorsamen oder widerwertigen, so sich das vnd anders on grundt erwidern wolten, zu gebürlicher gehorsam vnd verschulter straff zupringen verhelffen. In solhem allem versehen wir vns zu e. g. genediger einsehung vnd fürderlichs guetes beschaids. Was vns alsdann in dem auf vnser vermugen aufgeladen wirdet, darein wellen wir vns on verzug schickhen vnd mit denselben auf das fürderlichist gehorsam erzaigen. Solhs alles vnd anders wellen wir vmb e. g. lanckh leben gegen got pittundt vnaufhörig vnd mit vnsern armen diensten zuuerdienen willig vnd geflissen sein.

E. g.   gehorsam vnd willig
    N. die arm burgerschafft des markhts zu Hof
        in der Gastein.

107 (106).
Gasteinerischer Gewaltsbrief.
7. Januar 1528.

Wir gemainigelich die gerichtleut des landtgerichts Gastein bekhennen für vns, vnser erben vnd nachkhomen mit diesem brief vnd thuen khundt allermenigelich. Nachdem der hochwirdigist fürst, cardinal vnd erzbischoue zu Salzburg etc., vnser genedigister herr, auf des erwirdigen in got, herrn herrn Wolfgangen, brobst zu Perchtesgaden, vnderthenig anhalten vnd begern vnd wegen der schäden, so ime vnd seinem gotshaus im ersten aufstandt des nägstuerschinen fünff vnd zwainzigisten jars, inhalt gedachts brobsts zu Perchtesgaden supplication, von seinen f. g. vnderthanen (ausserhalb Muldorf) von allen stetten, märkhten, gerichten, tällern vnd perckhwerchen herdishalb der Tawrn beschehen sein sollen, ain guetlichen tag, nämblich auf ain montag nach sant Erhardts tag (13. Januar) schirist khommendt geèn Salzburg vor seinen f. g. zu erscheinen angesezt vnd ausgeschriben, auch dieselben in angezogener supplication be-

griffen, durch ire gesandten mit genuegsamen gwaltn der andern auf
ernenten tag zu guetlicher handlung berüerter schäden halb eruordert
hat, darauf haben wir den erbern vnsern mitgerichtsman vnd nachpaurn Micheln Kuntl zu Heusing vermelter Gastein auf angeregtem
tag beruerter sachen halb, darumb dann solher tag fürgenomen vnd
angesezt ist, abgefertigt vnd ime vnser volmächtig gwalt vnd macht
gegeben vnd beuolhen, thuen das auch hiemit wissentlich in crafft
diz briefs also, das gemelter vnser gwalthaber vor hochgedachtem
vnserm g. h. erschein, sambt andern der von stetten, märkhten,
gerichten, tälern vnd perckhwerchn gesandten vnd gwalthabern, obangezaigter schäden halb zue handln, vnser notdurfft darwider in clag,
ein- vnd gegenredt schrifftlich oder mündtlich fürzupringen, guetlich
verträg anzenemen, hindergang ze thuen vnd sonst gemainigelich
alles anders, was die notdurfft hierin eruordert vnd gebürlich sein
wirdet, von vnsern wegen zehandln, zuezesagen, bewilligen, thuen
oder lassen, inmassen wir das all gegenwurtig persönlich thuen khundn,
solltn oder möchtn. Vnd was demnach gedachter vnser gesandter
vnd volmächtiger gwalthaber hierin handlt, zuesagt, bewilligt, thuet
oder läst, das geloben vnd versprechen wir alles war, vest, stät vnd
vnzerprochen, ine auch dises gwalts vnd aller handlung bey vnsern
waren treuen on schaden zehalten, alles getreulich on geuerde. Das
zu warem vrkhundt haben wir allsament vnd sonderlich mit vleis
erpetten den edlen vnd vesten Davidn Kölderer, verweser des landtgerichts vermelter Gastein, das er sein insigl hinfürgedruckht hat,
doch ime, seinen erben vnd insigl on schaden. Zeugen derselben vnser
pete seind die erbarn vnd weisen Hannsen Waldnperger, peckh vnd
burger, vnd Sabastian Wenzl, inwoner zu Hof in der Gastein. Vndter
bemelts insigl wir vns all samentlich verpinden, inhalt des briefs
war, vest vnd stät zehalten, der geben ist am erichtag nach der
heiligen drey khönig tag nach Cristi geburdt im fünffzehenhundert
vnd acht vnd zwainzigisten jar.

108 (105.)
Gasteinerischer Gewaltsbrief.
2. September 1528.

Wir die pfarrleut gemainigelich der ganzen pfarr zu Gastein
bekhennen samentlich vnd vnverschaidenlich vnd thun khundt mit
dem offen brief. Als der hochwirdigist fürst, vnser genedigister herr

cardinal vnd erzbischoue zu Salzburg etc. auf aine gemainer landtschafft anhalten vnd begern, ain offen mandat zuegeschickht vnd darin beuolhen hat, das wir durch ainen ausschus mit volmächtigem genuegsamen gwalt vnser aller vor seiner f. g. commissarien vnd räten den erwirdigen gestrengen edlen vnd vesten herrn Ambrosien von Lamberg, thumb dechant vnd officialn zu Salzburg, herrn Cristoffen Graf zu Schernperg, ritter, pfleger zu Rastat, herrn Hannsen Ponichner zu Wolckhenstorff, ritter, pfleger zu Goling vnd herrn Hannsen Munich von Munichhausen, pfleger zu Tettlhaim vnd Halbmperg, vnser gnädigen vnd gebietunden herrn auf ainen benenten tag erscheinen vnd daselbs der einen vnd anderen pfärrlichen recht halben weittere handlung pflegen vnd beschaids gewartten sollen etc., das wir demnach den hernach benenten vnsern mitnachpern nemblich Hainrichen Kuenhauser, Leonharden Schwär, Micheln Praunegkher, Cristan Kendler, Hannsen Turning, Veiten Lätsch, Leonharden Knilling, Steffan Krapfer, Wolffgangen Täxer, Hannsen Lehner, perckhrichter, Andreen Kogler, Marten Enntfelder, Hannsen Grueber vnd Marten Salmoser vnsern volmächtigen gwalt gegeben haben. Geben inen auch den hiemit wissentlich in crafft des briefs also, das sy, die bemelten vierzehen, in vnser aller namen vor den obbestimbten vnsern gnädigen herrn, den commissarien, erscheinen vnd daselbs von vnserer aller wegen in den sachen, in hochgedachts vnsers gnedigisten herrn mandat angezogen, vnd sonst allen andern handlen vnd schliessen söllen vnd mügen vnd, was sy also durch inen handlen, schliessen vnd thuen werden, das ist alles vnser hayssen, gueter will, maynung vnd wolgefallen. Wir geretten vnd versprechen auch hiemit bey verpindung aller vnser hab vnd güetter, dasselb also vestigelich zuhalten vnd wider dieselb ir handlung nit zethun noch zereden in khain weis. Und wenn inen, vnsern gesandten, merers gewalts, dann hierin begriffen ist, not thun wurde, so wellen wir inen solhen hiemit auch volkhomentlich, als wenn derselb von wort zu wort hierin beschriben wär, gegeben haben vnd sy aller irer handlung frey vnd schadlos halten, auch all defect, mängl vnd gebrechenlichait, so hierin erfunden oder verstanden werden möchten, hiemit genzlich erfüllt vnd aufgehebt haben, treulich vnd vngefär. Des zu wahrem vrkhundt haben wir mit vleis erpetten den edlen vnd vesten Dauidn Költderer, landtrichter in der Gastein, vnsern gebietunden herrn, das er sein insigl hier fürgedruckht hat, doch ime, seinem insigl vnd erben on schaden, darunder wir vns verpinden, all inhalt des briefs war, stät vnd vnzerprochen zuhalten. Zeugen vnser gebet vmb das insigl seindt die erbarn N. vnd N. Beschehen vnd geben zu Gastein am andern tag des monats septembris anno etc. im acht vnd zwainzigisten jar.

Des seind zeugen: Cristan Reutter, Andree Koffler vnd Hanns Herwart.

Inhaltsverzeichniss.

		Seite
Vorwort		3
1.	Beschwerungen der Landschaft Gastein	6
2.	Schreiben an die Gasteiner	10
3.	Schreiben von den Gasteinern an die von Stall in Steyermark	12
4.	Desgleichen an die von Windisch-Matrai	13
5.	Desgleichen an die von Rauris	13
6.	Desgleichen an den Pfarrer zu Zell	13
7.	Credenzbrief für Martin Zott, Hauptmann in der Gastein	14
8.	Instruction der Bauern-Gesandten	15
9.	Missiv an den obersten Hauptmann der verbundenen Landgerichte	16
10.	Schreiben des Hauptmanns Martin Zott	18
11.	Schreiben der Gasteiner Gemeinde an ihren Pfarrer	19
12.	Schreiben an die Rauriser und St. Veiter	20
13.	Schreiben an die zu Radstadt	20
14.	Schreiben an die zu Saalfelden	21
15.	Sendschreiben an die von Villach in Kärnthen	22
16.	Desgleichen wegen der den Villachern zu leistenden Hilfe	23
17.	Desgleichen vermuthlich an die Radstadter	23
18.	Desgleichen an die von Saalfelden	25
19.	„ „ „	26
20.	Desgleichen unerkenntlich wohin	27
21.	Desgleichen an den Haufen zu Salzburg	27
22.	Desgleichen an Hans Schwär und Erasmus Weitmoser	29
23.	Missiv von Wolfgang Heugl, Hauptmann in der Gastein	30
24.	Sendschreiben vermuthlich an den Haufen zu Radstadt	32
25.	Desgleichen „ „ „ „	33
26.	Desgleichen an die Gasteinerischen Hauptleute des Haufens zu Salzburg	34
27.	General-Missiv der Gasteiner an die Lungauer	36
28.	Sendschreiben der Gasteiner	37
29.	Gewaltsbrief an die Ober- und Unter-Innthaler	38
30.	Befehl an Sigmund von Dietrichstain, Landeshauptmann in Steyer	39
31.	Schreiben der Gasteiner gegen Schläming	41
32.	Missiv Caspar Prästlers an die gesammten Bundesgenossen	42
33.	Schreiben der Gasteiner nach Vellach	43
34.	Desgleichen „ „ „	43
35.	Desgleichen an den Haufen zu Salzburg	44

	Seite

36. Schreiben Caspar Prästlers an die Landschaft zu Salzburg 45
37. Schreiben der Gasteiner an den Haufen zu Radstadt 46
38. Quittung des Hauptmanns Leonhard Schwär 47
39. Vertrag der Landschaft zu Salzburg 48
40. Missiv an den Haufen zu Salzburg oder Radstadt 54
41. Missiv und Dankschreiben der Gasteiner 55
42. Missiv der Gasteiner 55
43. Desgleichen an die von Radstadt, St. Veit, St. Johanns, Bischofshofen und Werfen 56
44. Gewaltsbrief des Markts zu Hof in der Gastein 56
45. Abschied des Erzbischofs Matheus Lang zu Salzburg 57
46. Missiv an den obersten Hauptmann und die gesammte Landschaft Gastein 61
47. Schreiben von Jheronimus Zott an die Gasteiner 62
48. Schreiben der beim Bundestag zu Nördlingen versammelten Abgeordneten 64
49. Kriegskosten der Gasteiner 65
50. Schadenersatz-Forderung des Erzherzogs zu Österreich 67
51. Gewaltsbrief (wahrscheinl.) des Landesgerichts Gastein 69
52. Missiv vom Land- und Berggericht Gastein 70
53. Sendschreiben der Gasteiner Obrigkeit 71
54. Entschuldigungsschreiben der Salzburg. Gebirgsbauern an den Erzherzog zu Österreich 72
55. Salzburger Landtags-Abschied 73
56. Erzbischof Matheus Lang an Caspar Prästler 77
57. Bericht an den Erzbischof zu Salzburg 78
58. Wiguleus von Thurn, Hofmarschall zu Salzburg, an Peter Hundt zu Ainatberg, Pfleger zu Mittersill 79
59. Sendschreiben des Pflegers zu Radstadt, Christoph Graf 80
60.   „   „   „   „   81
61. Schreiben desselben an den Erzbischof von Salzburg 81
62. Missiv Caspar Prästlers 82
63. Schreiben derer von St. Johanns, Veit und Bischofshofen an Blasius von Keutschach, Pfleger und Propst zu Werfen 83
64. Desgleichen an Christoph Graf, Pfleger zu Radstadt 84
65. Christoph Graf an den Erzbischof zu Salzburg 85
66. Schreiben des Erzbischofs an Hauptmann Melchior Lamberger 86
67. Schreiben desselben an Wiguleus von Thurn 86
68. Schreiben des Salzburger Kanzlers, Dr. Baldung, an Wiguleus von Thurn 88
69. Ratschlag der Gasteiner 89
70. Missiv der Gasteinerischen Knappschaften an ihren Bergrichter 92
71. Missiv an die Gasteiner 93
72. Gewaltsbrief der Gasteiner Gewerken und Mitverwandten 96
73. Missiv derselben 97
74. Desgleichen derselben 98
75. Die gemeine Landschaft im Gebirg des Bisthums Salzburg an Herzog Ludwig von Bayern 99

		Seite
76.	Schreiben Christoph Graf's an den Erzbischof	102
77.	Schreiben an Andreas Hofmann	103
78.	Missiv an die Gasteinerischen Gewerke und gesammte Landschaft	103
79.	Missiv an den obersten Hauptmann und die Landschaft Gastein	105
80.	Schreiben Marx Neufang's, obersten Feldhauptmanns	106
81.	Schuldbrief des Salzburger Bauernbunds	107
82.	Schreiben der Landschaft Gastein gegen Vellach	108
83.	Missiv der Gasteiner	110
84.	Artikel den ungehorsamen Bauern vorgehalten	112
85.	Missiv des Schwäbischen Bundesobersten	115
86.	Geleitsbrief für die Abgeordneten der Bauern	116
87.	Gratulationsschreiben Leonhard Schwär's	117
88.	Missiv der Schwäbischen Bundesobersten an die Gasteiner	117
89.	Bittschreiben der Gasteiner an den Erzbischof von Salzburg	118
90.	Landtagsausschreiben	119
91.	Missiv derer vom Bergwerk in der Gastein	120
92.	Bittschreiben der Stadt Salzburg an den Erzbischof	122
93.	Gasteinerischer Gewaltsbrief	123
94.	Erzbischöfl. Befehl an Sigmund Keutschacher, Landrichter in der Gastein	124
95.	Desgleichen „ „ „ „ „ „	124
96.	Schreiben Sigmund Keutschacher's an David Kölderer, Landrichter in der Gastein	125
97.	Gewaltsbrief der Gasteinerischen Landgerichtsleute	125
98.	Mandat des Erzbischofs von Salzburg	127
99.	Bittschrift der Bürger von Hof in der Gastein an den Erzbischof von Salzburg	143
100.	Desgleichen	144
101.	Friedensordnung	145
102.	Vollmachtsbrief der Gasteiner	155
103.	Gasteinerisches Memoria	157
104.	Gasteinerisches Bittschreiben an den Erzbischof	159
105.	Verantwortung der Gesandten der Reichsstädte und der Salzburgischen Landschaft	162
106.	Bittschrift der Bürgerschaft zu Gastein an die Räthe des Schwäbischen Bunds	164
107.	Gasteinerischer Gewaltsbrief	165
108.	Desgleichen	166